쉽게 배우고 생활에 바로 쓰는

키오스크 기기활용

(주)지아이에듀테크 저

쉽게 배우고 생활에 바로 쓰는

키오스크 기기활용

초판 1쇄 인쇄 2020년 03월 20일
초판 1쇄 발행 2020년 03월 30일

지은이 ㈜지아이에듀테크
펴낸이 한준희
펴낸곳 ㈜아이콕스

기획/편집 아이콕스 기획팀
디자인 이지선
영업지원 김진아
영업 김남권, 조용훈

주소 경기도 부천시 중동로 443번길 12, 1층(삼정동)
홈페이지 http://www.icoxpublish.com
이메일 icoxpub@naver.com
전화 032-674-5685
팩스 032-676-5685
등록 2015년 7월 9일 제 2017-000067호
ISBN 979-11-6426-115-4

※정가는 뒤표지에 있습니다.
※잘못된 책은 구입하신 서점에서 교환해드립니다.

30년째 컴퓨터를 교육면서도 늘 고민합니다. "더 간단하고 쉽게 교육할 수는 없을까? 더 빠르게 마음대로 사용하게 할 수는 없을까?" 스마트폰에 대한 지식이 없는 4살 먹은 어린아이가 스마트폰을 가지고 놀면서 스스로 사용법을 익히는 것을 보고 어른들은 감탄합니다.

그렇습니다. 컴퓨터는 학문적으로 접근하면 배우기 힘들기 때문에 아이들처럼 직접 사용해 보면서 경험적으로 습득하는 것이 가장 빠른 배움의 방식입니다. 본 도서는 저의 다년간 현장 교육의 경험을 살려 책만 보고 무작정 따라하다 발생할 수 있는 실수와 오류를 바로잡았습니다. 컴퓨터를 활용하는 데 꼭 필요한 핵심 내용을 중심으로 집필했기 때문에 예제를 반복해서 학습하다 보면 어느새 원리를 이해하고, 활용할 수 있는 단계에 오르게 될 것입니다. 쉽게 배우고 생활에 바로 쓸 수 있게 집필된 본 도서로 여러분들의 능력이 향상되기를 바랍니다. 물론 본 도서는 여러분의 컴퓨터 능력을 향상시킬 수 있는 수많은 방법 중 한 가지라는 말씀도 드리고 싶습니다.

교육 현장에서 늘 하는 말이 있습니다.
"컴퓨터는 종이다. 종이는 기록하기 위함이다."
"단순하게, 무식하게, 지겹도록, 단.무.지.반! 하십시오."
처음부터 완벽하지는 않겠지만 차근차근 익히다 보면 어느새 만족할 만한 수준의 사용자로 우뚝 서게 될 것입니다.

끝으로 이 책이 나올 수 있도록 도움을 주신 지아이에듀테크, ㈜아이콕스의 임직원 여러분들께 감사의 마음을 전합니다.

㈜지아이에듀테크

★ 각 CHAPTER 마다 동영상으로 더 쉽게 학습할 수 있도록 QR코드를 담았습니다. QR코드로 학습 동영상을 시청하는 방법은 다음과 같습니다.

1. Play스토어 네이버 앱을 ❶**설치**한 후 ❷**열기**를 누릅니다.

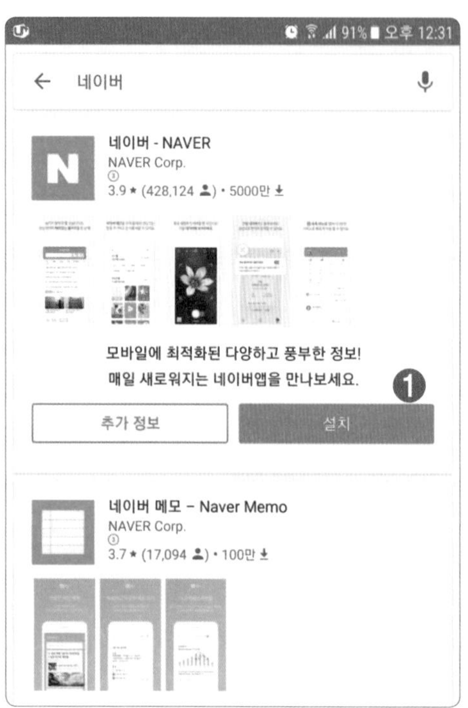

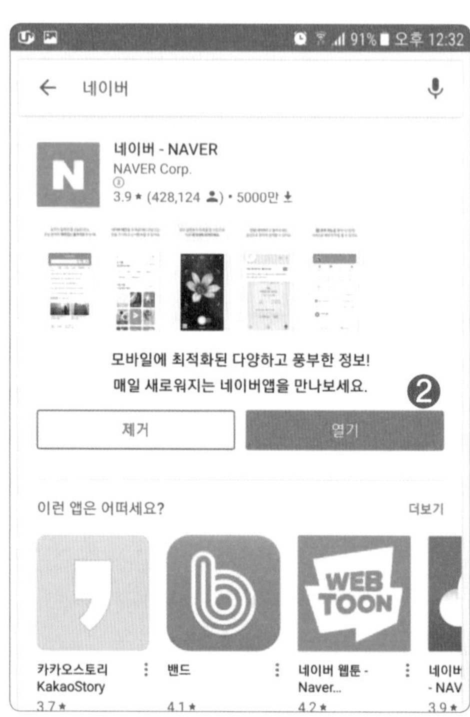

2. 네이버 앱이 실행되면 하단의 ❸**동그라미** 버튼을 누른 후 ❹**렌즈** 메뉴를 선택합니다.

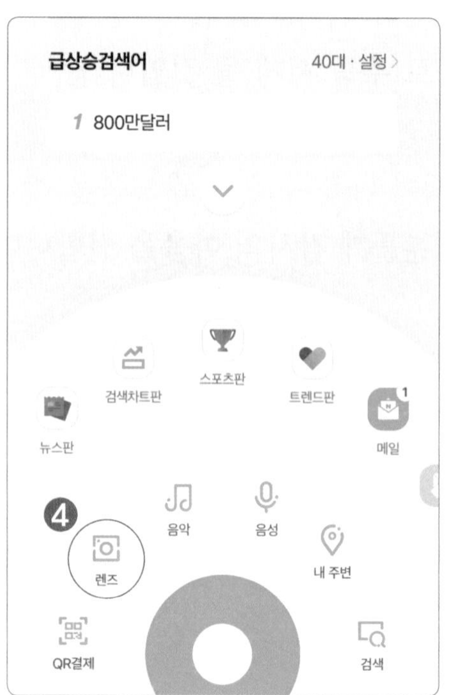

3. 본 도서에는 **Chapter**별로 상단 제목 오른쪽에 **⑤QR코드**가 있습니다. 스마트폰의 화면에 QR코드를 사각형 영역에 맞춰 보이도록 하면 QR코드가 인식되고, 상단에 동영상 강의 링크 주소가 나타납니다. **⑥동영상 강의 링크 주소**를 눌러 스마트폰으로 학습할 수 있습니다.

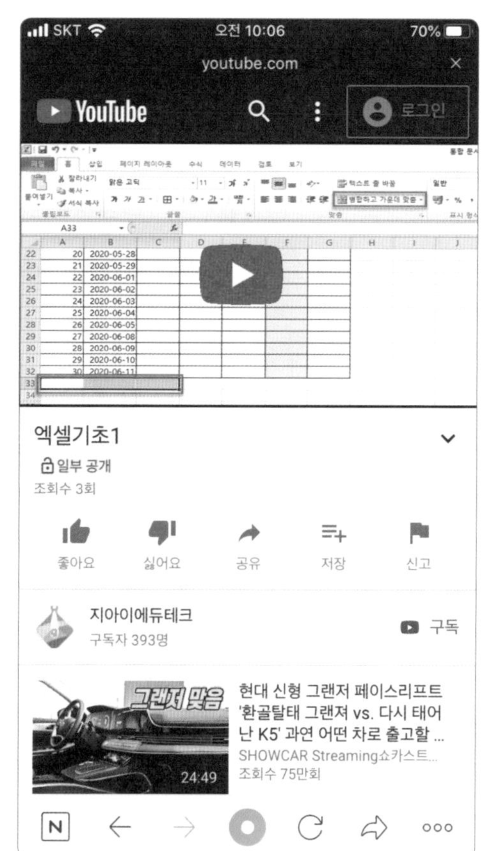

※ 유튜브(www.youtube.com)에 접속하거나, **유튜브** 앱을 사용하고 있다면 **지아이에듀테크**를 검색하여 동영상 강의를 들을 수 있습니다. **재생목록** 탭을 누르면 과목별로 강의를 찾아볼 수 있습니다.

목차

알아 보기 ▶ 키오스크란 무엇인가?

CHAPTER 00-1 키오스크의 사전적 의미 ▸▸▸

키오스크(영어 : kiosk, 페르시아어 : kūshk, 터키어 : köşk에서 유래함)란 일부 면이나 전면이 개방된 작고 독립된 정원용 파빌리언(한국 : 정자)을 말하는데, 키오스크는 13세기 이후부터 페르시아, 인도 아대륙, 오스만 제국에서 흔했던 것으로, 오늘날 이스탄불의 톱카프 궁전 내와 주변에는 수많은 키오스크가 있으며, 발칸 반도 국가에서는 지금까지도 비교적 흔한 풍경입니다.

서양권과 영어권 국가에서 키오스크는 한쪽에 창문이 열린 점포를 말하기도 하는데 신문, 잡지, 라이터, 거리 지도, 담배, 사탕처럼 작고 저렴한 소모품을 파는 키오스크(점포 참고)로 영업하는 노점상인도 있습니다.

정보 안내 키오스크(또는 안내소, 안내 부스)는 지도, 팜플렛과 그 외 다른 전단지류에 담은 무료 정보와 안내인을 통한 조언, 아니면 둘 중 하나를 제공합니다.

특수한 하드웨어와 소프트웨어를 갖춘 단말기의 하나로, 커뮤니케이션, 상업, 엔터테인먼트, 교육을 위한 정보 및 애플리케이션에 대한 접근 권한을 제공하며, 인터랙티브 키오스크라고 불리기도 합니다. 초기의 키오스크는 공중전화 박스를 닮았으나 현재는 고객 서비스 개선을 위해 소매점, 음식 서비스 등에서 사용되고 있는데 , 키오스크는 일반적으로 가게, 호텔 로비, 공항 등 **사람 수가 많은 곳**에서 일반적으로 위치해 있습니다.

기술 연동을 통해 키오스크가 다양한 기능을 수행할 수 있으며 셀프 서비스 키오스크로 발전하게 되었는데, 예를 들어 키오스크는 사용자들이 물건 재고가 없을 때 가게의 카탈로그에서 주문을 할 수 있게 하며, 도서관 책을 빌리거나 제품에 관한 정보를 살펴보거나 호텔 키 카드를 발행하는 등의 일을 할 수 있게 되었습니다.

CHAPTER 00-2 키오스크, 상세하게 알아보기

키오스크(KIOSK)는 Self Service Station이라고 하며 컴퓨터화 된 자동화기기를 통칭하는 말로 멀티미디어 기술을 이용하는 키오스크는 **사람의 수가 많은 곳** 또는 **개방된 장소에서 무인으로 운영**되면서 이용자들이 정보 획득, 물품 구매, 발권, 등록 등의 처리를 쉽게 할 수 있도록 만들어졌으며, 모든 산업 분야에 적용 가능하며 24시간 365일 지속적으로 서비스를 제공할 수 있습니다.

하드웨어적으로는 멀티미디어 PC에 더하여 터치스크린, 카드 리더, 프린터, Network, 스피커, 비디오 카메라, 인터폰, 센서 등의 주변기기가 장착되며 소프트웨어적으로는 GUI(-Graphics User Interface)를 이용한 사용자 애플리케이션을 제공하고 네트워크상으로는 각 기기의 동작 상태를 감시하고 이상을 진단, 복구하는 관리 시스템에 탑재되어야 완전한 형태의 온라인 키오스크 시스템이 구성될 수 있습니다.

키오스크로 구현되는 기능

01 푸시 기능

가장 대표적인 푸시 테크놀로지의 활용 예는 인터넷 사이트의 광고 및 개별적 정보전달 서비스로 키오스크 사용 중 화면 일부를 이용한 광고전송, 비 사용시 스크린 세이버 형식의 전면 광고 및 특화된 정보전달 등 효과적인 광고전달이 가능한 기능입니다.

02 인터넷/인트라넷

도입 회사의 인터넷/인트라넷과 효과적으로 연계될 수 있으며, 인터넷 서비스상에서 동일한 애플리케이션 지원이 가능하며, 키보드 필요시 H/W를 장착하거나 S/W로 Virtual 키보드를 구현 할 수 있습니다.

03 협업(Collaboration)

멀티미디어를 이용하여 사용자와 담당 직원간의 유인 업무처리 환경을 그대로 구현할 수 있으며, 화상 회의, Character Recognition, 스캐닝, 화면 공유, Annotation 공유 등의 기능을 구현할 수 있습니다.

04 스마트 카드

자체 프로세서, 메모리 내장으로 키오스크에서의 입력과정을 대폭 단축시킬 수 있으며, 이미 국내에서도 전화카드, 버스카드, 신용카드 등의 형태로 널리 보급되고 있으며, 전자상거래 시대에 있어서 범용화 될 기술입니다.

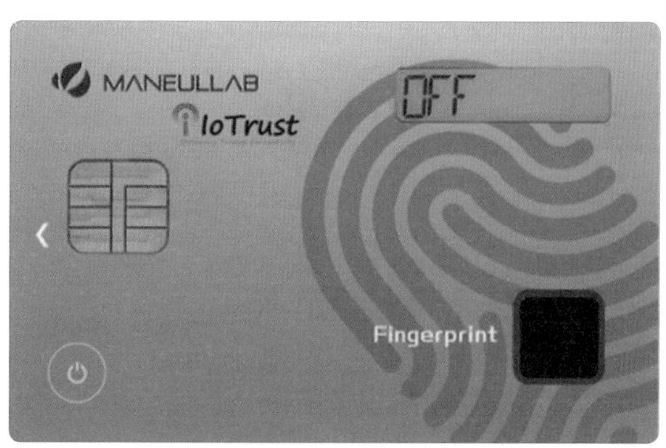

05 가상현실

컴퓨터 그래픽과 멀티미디어 기술을 바탕으로 현실성에 바탕을 둔 애플리케이션을 제작, 사용자가 컴퓨터를 다루는 것이 아니라 실제 상황에 있는 듯한 느낌을 줄 수 있습니다.

06 음성인식과 AI

음성 인식 기술을 이용하여 음성만으로 메뉴를 선택 하거나 전자우편을 작성하는 등 편리하고 빠르게 업무를 처리할 수 있으며, 음성을 인공지능이 빅데이터를 기반으로 빠르게 처리할 수 있습니다.

07 생체인식(Biometrics)

사람의 지문이나 장문(손금), 홍채, 얼굴 인식 등을 기본 인식 단위로 하여, ID나 비밀번호 등의 입력 과정을 생략할 수 있도록 하는 새로운 테크놀러지로서, 글로벌 IT 업체들이 경쟁적으로 개발하고 있습니다.

분야별 적용 사례

01 금융 관련 분야

은행의 CD기나 ATM 기기도 일종의 키오스크 형태이지만, 기기의 기본 기능에 각종 티켓팅 및 정보안내 등의 서비스를 추가한 멀티미디어형 키오스크가 은행의 효율향상뿐 아니라 부가수입 내지는 기업홍보에 이용될 수 있습니다. 스페인의 '라 쿠이샤 은행(la Caixa bank)'은 ATM 기능을 기본으로 공연물 티켓 발매, 공과금 납부, 비행기 및 대중교통 예약/발권, 각종 정보서비스를 제공하는 다기능 키오스크를 약 650대 설치하여 신규고객을 많이 끌어들이고 비용절감 등의 효과 외에 부가수입 등을 올리고 있으며, 자판기의 나라 일본 역시 다양한 형태의 금융기관 키오스크를 운영중에 있습니다.

02 공공기관 및 교육기관

전 세계적으로 정부 및 공공기관은 키오스크 솔루션 구축에 가장 적합한 분야임과 동시에 많은 키오스크를 도입하여 업무분담 및 대국민 서비스를 실행하고 있으며, 캐나다의 온타리오 주정부는 1990년대 초부터 60여대의 키오스크를 주내의 주요 쇼핑몰 등에 설치, 네트워크를 구축하여 자동차등록 관련 업무, 주소변경 등의 처리, 공과금 및 벌금납부 등의 업무를 무인 자동화하여 성공적으로 현재까지 운영중입니다. 물론, 각 업무별 전담 관청에 통합 연결된 키오스크 시스템은 대국민 또는 대주민 서비스를 향상시키고, 관청업무의 효율을 높이는 장점이 있습니다.

대학에 적용되도록 디자인된 일명 '캠퍼스 키오스크'는 스마트카드와 연계된 기술로 학내의 다양한 서비스 도입이 가능하고, 네덜란드의 '트웬트 대학교'나 헝가리의 '펙스 대학교'의 경우, 학생증을 스마트 카드로 개발하여 ID 기능을 기본으로 하고 전자지갑 역할 및 도서 대출 등의 교내의 모든 시설물 이용이나 행정업무를 키오스크 시스템과 연계하여 운영함으로써 효율성 향상은 물론 학교 이미지의 획기적 상승을 가져 왔습니다.

03 유통 분야

유통 분야의 키오스크 솔루션 도입은 참으로 다양하게 적용 가능한데, 일본의 대형 편의점 업체인 '로손'은 키오스크를 자사 편의점에 도입하여 항공권, 기차표, 영화 및 이벤트 등의 각종 티켓발권, 음반 및 브랜드 상품의 주문과 택배신청, 서류발급 및 공과금 납부업무 등의 애플리케이션을 운용중이며, 아울러 광고 및 홍보효과도 거두고 있습니다.
적용메뉴는 아이디어에 따라 다양화 될 수 있으며, 특히 유료화 하여 인터넷을 전용으로 이용하도록 디자인한 키오스크도 전 세계적으로 도입경쟁이 벌어지고 있으며, 우리의 대형 할인매장의 경우, 기존의 물품구매 프로세스를 효율적으로 운영할 수 있도록 키오스크를 도입하여 상품소개 및 구매를 인터넷의 쇼핑몰을 이용하듯이 하고, 별도의 픽업센터나 택배 서비스 등으로 물품인도를 함으로써 매장의 혼잡도를 줄임과 동시에 더 많은 고객확보를 가능하게 할 수 있으리라 생각됩니다.

04 인터넷 및 기타 분야

공중전화처럼 공공장소에서 간편하게 인터넷을 이용할 수 있는 '인터넷 키오스크'가 미국, 일본 등 선진국을 중심으로 급격히 확대되어 가고 있으며, 고속 전용회선 등으로 구축되어 전자우편 이용과 웹 사이트 검색, 온라인 예약 및 쇼핑 등의 인터넷 관련 모든 업무를 자유롭게 이용할 수 있으며, 검색내용의 출력도 가능합니다. 유료로 운영하며 공항이나 국제회의 시설, 호텔 등에 설치하여 비즈니스맨들을 타겟으로 운용되고 더 나아가 현재의 우편 시스템까지 대체하여 운영될 수 있게끔 발전 가능성이 무궁합니다.

실제로 스웨덴 정부의 경우, 모든 국민들을 대상으로 인터넷ID를 부여하여 기존의 우편서비스를 전자화하는 구상을 진행 중이며, 그 계획 중 공공장소에 설치할 단말로서 인터넷 키오스크를 곳곳에 구축할 예정입니다. 그 외에 다양한 분야들, 이를테면 신문사의 정보안내 서비스 역할 및 새로운 광고매체로서의 수주광고 방영, 병원의 일반행정 업무(접수 및 진료비 납부 등)의 간소화, 자동차 회사 영업점의 신차소개 및 견적계산 등의 영업지원용 또는 중고차량 소개 및 판매용, 부동산의 정보제공용, 경마장과 카지노 등의 프로세스 단순화, 건축회사의 분양 안내용, 경기장과 프로구단의 팬관리용 등 다양하게 적용 가능한 솔루션이라 할 수 있습니다.

키오스크의 흐름과 전망

미국 뉴욕시는 지난해 각종 공과금 납부는 물론 교통안내, 구인정보 및 관공서 발행 서식 등을 다룰 수 있는 무인자동 키오스크를 시내 주요 지역에 설치하여 24시간 서비스를 하고 있습니다. 무료안내 서비스 및 유료로 주차 티켓이나 서류 등을 발급해 주며 급속한 이용객 증가추세를 보이고 있는 이 기기를 더 증설할 예정이라고 합니다.

키오스크는 또한 새로운 광고매체로서의 역할이 기대되는데, 개봉될 영화소개나 홍보 및 수주광고를 방영하여 부가수입의 원천이 될 수 있으며, 미국의 시장조사 전문 업체들의 조사에 따르면, 인터넷 키오스크를 포함한 대화형 무인정보검색 시스템의 시장규모가 무한히 발전 가능한 서비스 아이템이라고 할 수 있겠습니다.

단순한 PC기능을 넘어서 트랜잭션 처리 위주로 이용자들에게 친근감 있고 쉽게 다가설 수 있는 공공단말 역할을 해냄으로써, 키오스크는 전자상거래 등의 최신 기술을 따라가기 벅찬 일반인들에게 별 어려움 없이 다가가면서 한층 정보화시대를 넓게, 그리고 빠르게 열어 나가게 하는 기폭제가 되리라 기대됩니다.

또한 이러한 잠재적 일반 고객들을 수용할 수 있는 솔루션을 구축한 기업만이 최신 기술을 바탕으로 한 무한경쟁시대에 도태되지 않을 수 있는 최선의 길이라고 생각합니다. 그런 의미에서 키오스크 솔루션은 최신의 기술과 일반인들을 편하게 연결해 주는 휴먼 인터페이싱(Human Interfacing)을 통해 서로에게 혜택을 줄 수 있는 가교임에 틀림없다고 보입니다.

CHAPTER 01 ▶ 민원발급기 사용하기

CHAPTER 01-1 주민등록 등본 발급하기

01 키오스크 첫 화면에서 **민원발급기**를 선택한 후 **주민등록** 버튼을 누릅니다.

02 **주민등록표(등본)**을 누른 후 본인의 **주민등록번호**를 입력하고 확인을 누릅니다.

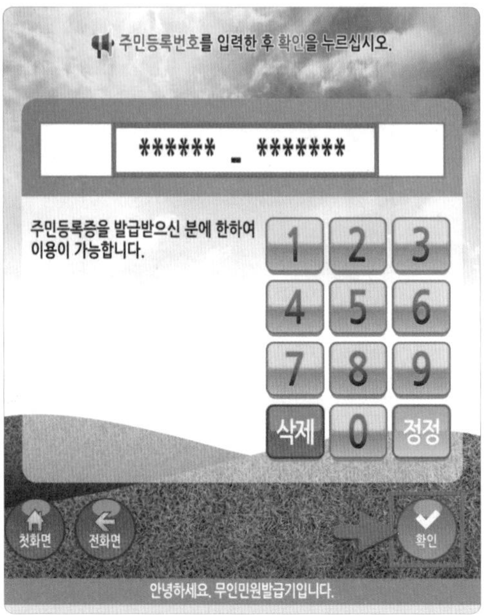

03 지문인식기에 엄지손가락을 올려놓은 후 인식될 때까지 기다렸다가 등본사항에 필요한 항목을 선택한 후 **확인**을 누릅니다.

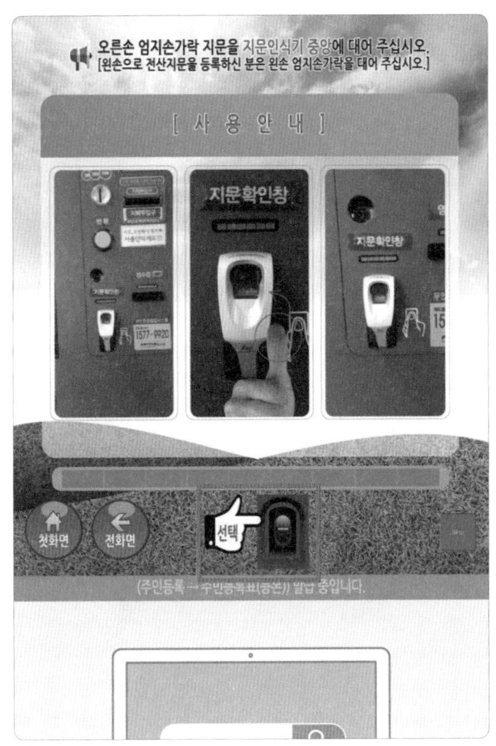

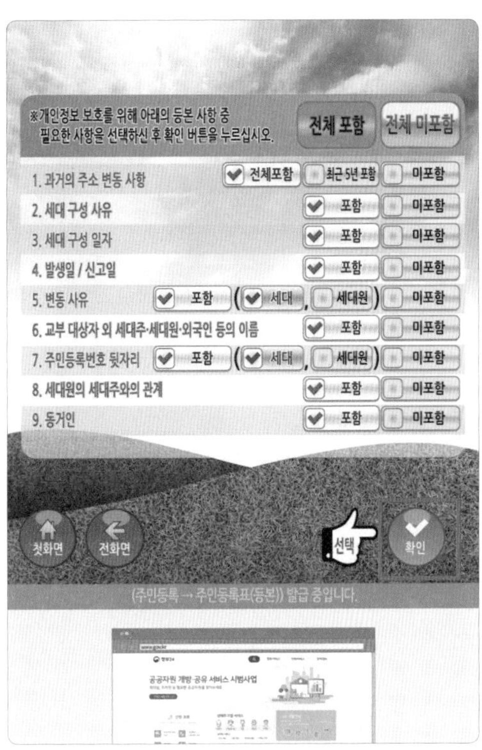

04 수수료 면제 대상 여부를 선택하는데 **면제대상자 아님**을 선택한 후 발급부수를 **2부**로 선택하고 **확인**을 누릅니다.

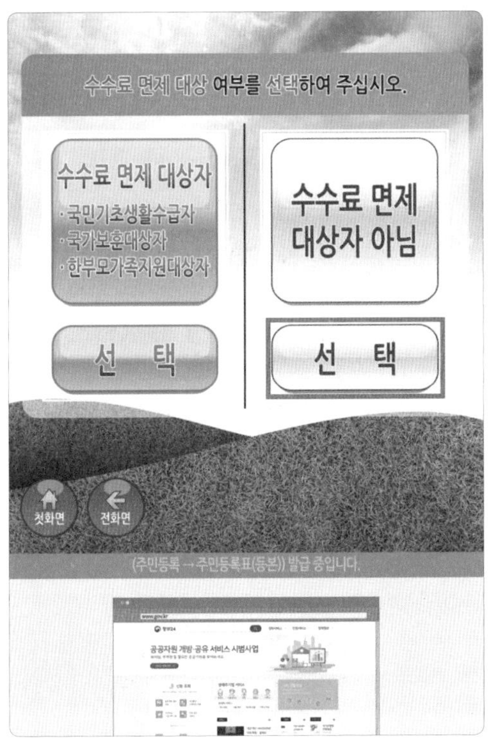

05 수수료를 투입한 후 **발급** 버튼을 누르면 등본이 발급됩니다. 발급된 등본을 챙긴 후 **첫 화면**을 눌러서 민원발급기 첫 화면으로 되돌려줍니다.

CHAPTER 01-2 주민등록 초본 발급하기

01 키오스크 첫 화면에서 **민원발급기**를 누른 후 **주민등록** 버튼을 터치합니다.

02 **주민등록표(초본)**을 선택한 후 본인의 **주민등록번호 13자리**를 입력한 후 **확인**을 누릅니다.

03 지문인식기 중앙에 엄지손가락을 올려놓은 후 인식이 끝날 때까지 기다리면 오른쪽 사진이 나오면 등본사항에 필요한 사항을 포함하지 않도록 **전체 미포함**을 누른 후 **확인**을 누릅니다.

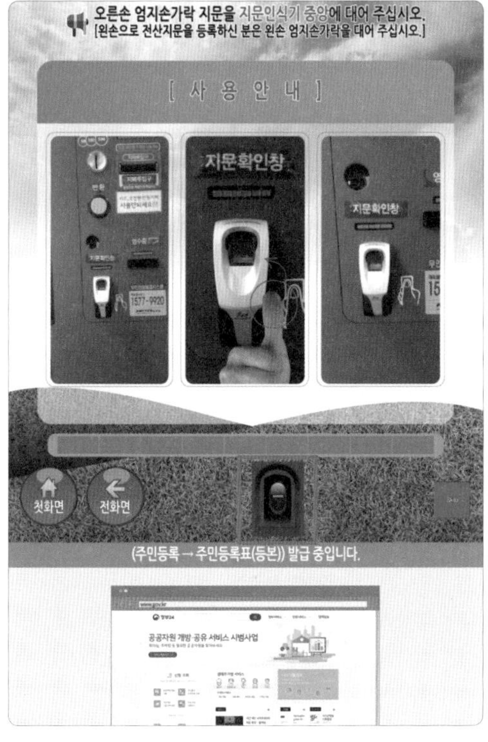

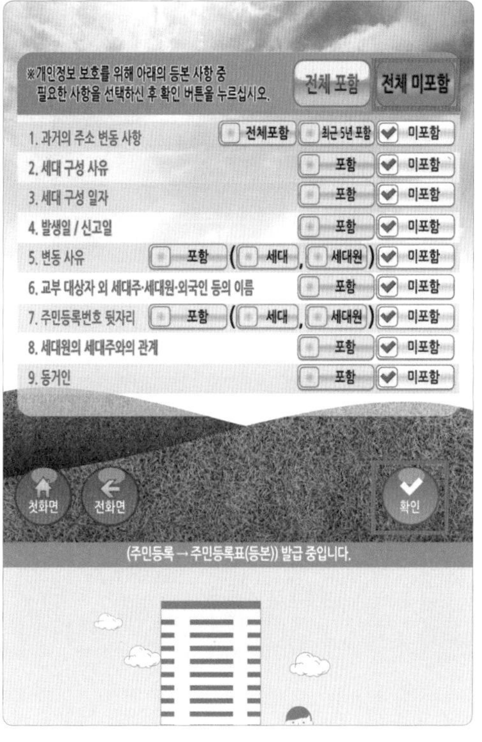

04 수수료 면제대상자 아님의 **선택**을 누른 후 발급부수를 **1부**로 선택하고 **확인**을 누릅니다.

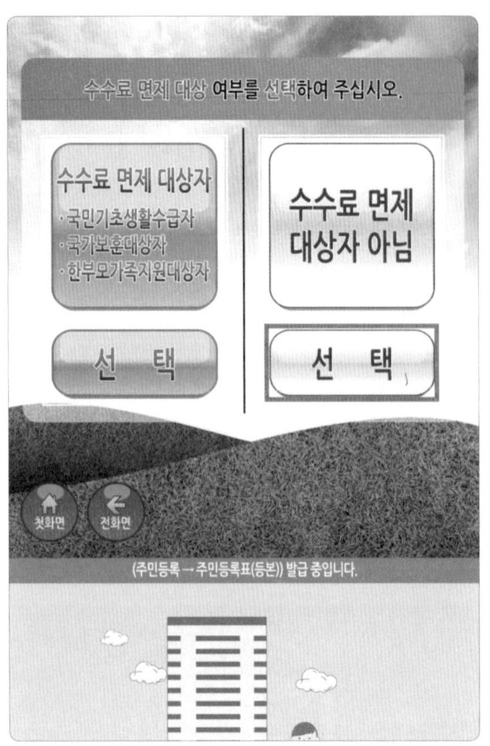

05 발급부수에 따른 수수료를 투입한 후 **발급** 버튼을 누르면 발급이 완료됩니다. **첫 화면** 버튼을 눌러서 민원발급기 첫 화면이 나오게 합니다.

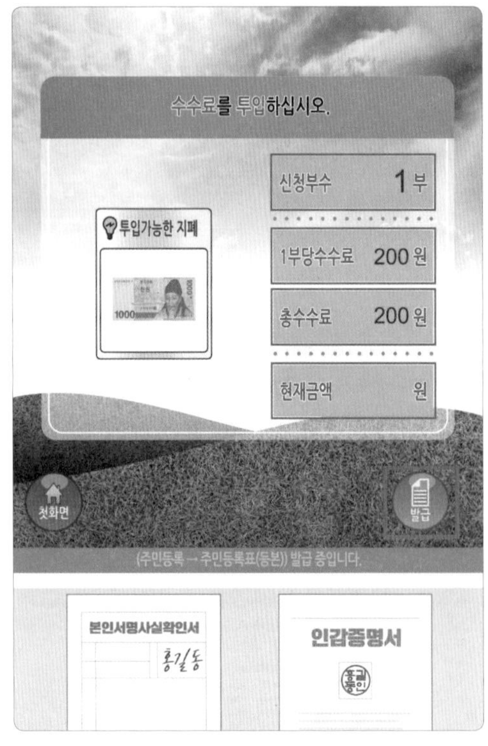

CHAPTER 01-3 가족관계등록부 발급하기

01 키오스크 첫 화면에서 민원발급기를 선택한 후 가족관계등록부를 누릅니다.

02 **가족관계증명서**를 누른 후 발급안내를 보면 신청인을 기준으로 부모, 배우자, 자녀 3대에 한해서만 출력이 됨을 읽어본 후 **확인**을 누릅니다.

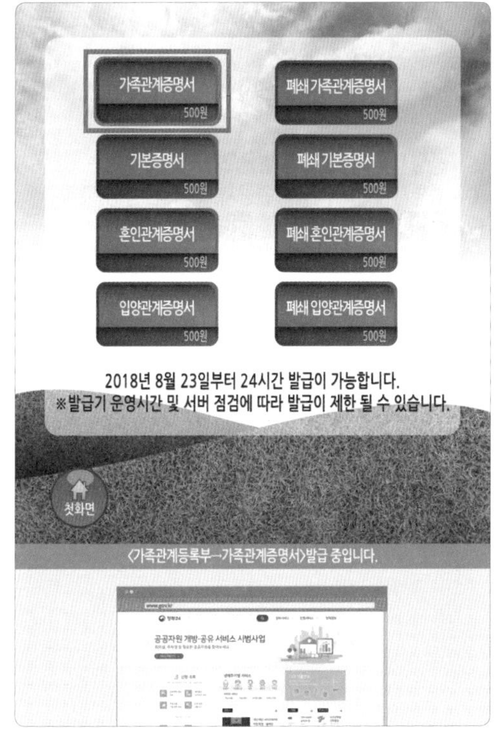

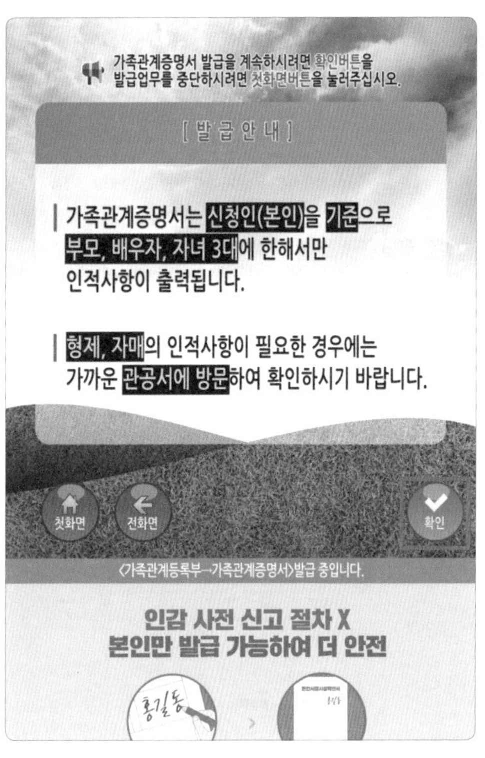

03 주민등록번호 13자리를 입력하고 **확인**을 누른 후 지문인식기에 엄지손가락을 올려 놓은 후 인식이 끝날 때까지 기다립니다.

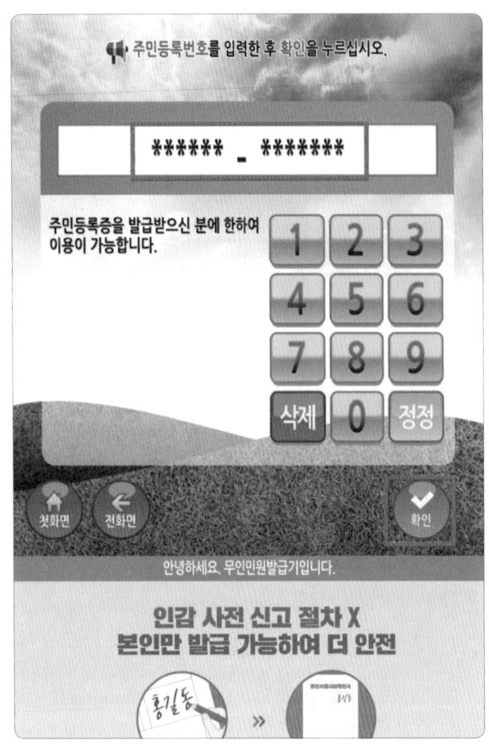

04 부모, 배우자, 생존한 혼인 중의 자녀 등에 관한 사항을 출력하기 위한 증명서인 **일반증명서**를 선택한 후 필요한 증명서의 종류를 확인하라는 안내를 읽어본 후 **확인**을 누릅니다.

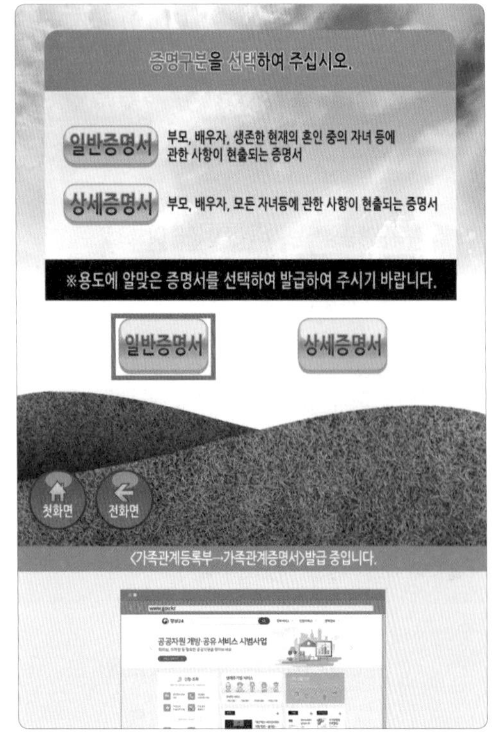

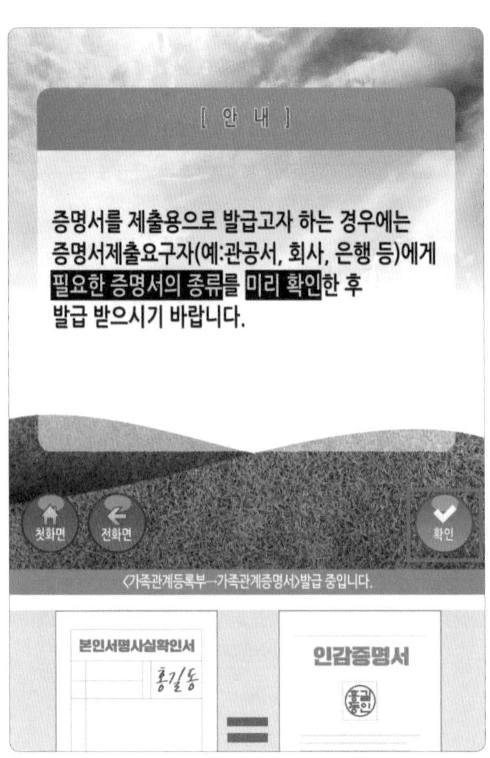

05 민원서류를 발급 받을 때 주민등록번호 뒷자리를 포함할 지 여부를 묻는 경우가 많습니다. **미포함**을 선택하면 881111-*******로 표시가 됩니다. 발급부수를 정한 후 **확인**을 누릅니다.

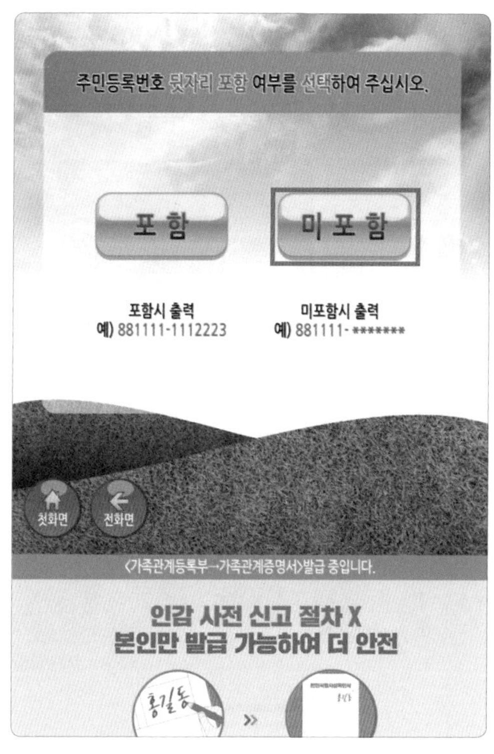

06 발급 수수료를 투입한 후 **발급** 버튼을 누르면 가족관계증명서가 발급됩니다.

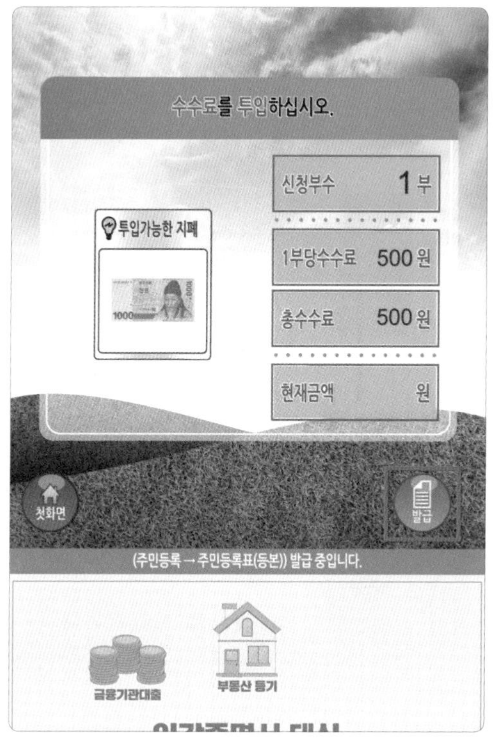

CHAPTER 01-4 부동산등기사항 증명서 발급하기 

01 키오스크 첫 화면에서 **민원발급기**를 선택한 후 **부동산등기사항증명서**를 터치합니다.

02 법원 등기부 서버에 접속중이 지나면 부동산등기발급기에서 **시작**을 누릅니다.

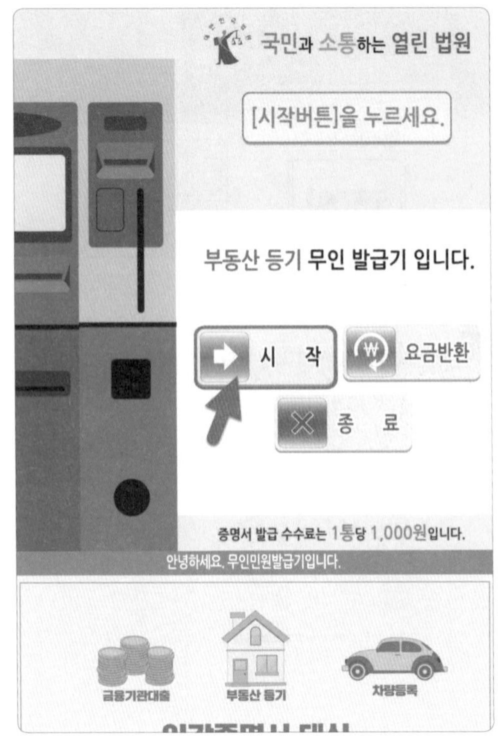

03 부동산 종류를 **아파트, 연립, 다세대(집합건물)**로 선택한 후 **도로명주소**를 선택합니다.

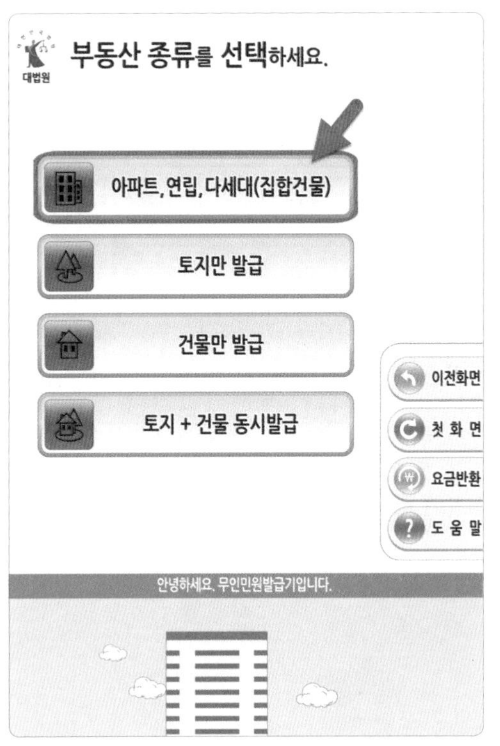

04 시/도를 선택하세요에서는 **서울특별시**를 누른 후 원하는 지역인 구를 선택합니다. 실제 발급기에서는 초성을 누르면 해당하는 지역이 나오게 됩니다.

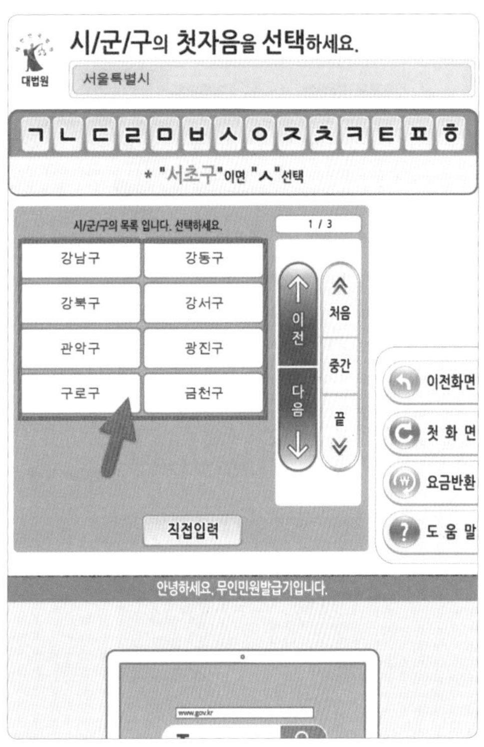

05 도로명 목록에서 해당 아파트명을 선택한 후 **도로명 건물번호**를 누른 후 **다음**을 누릅니다.

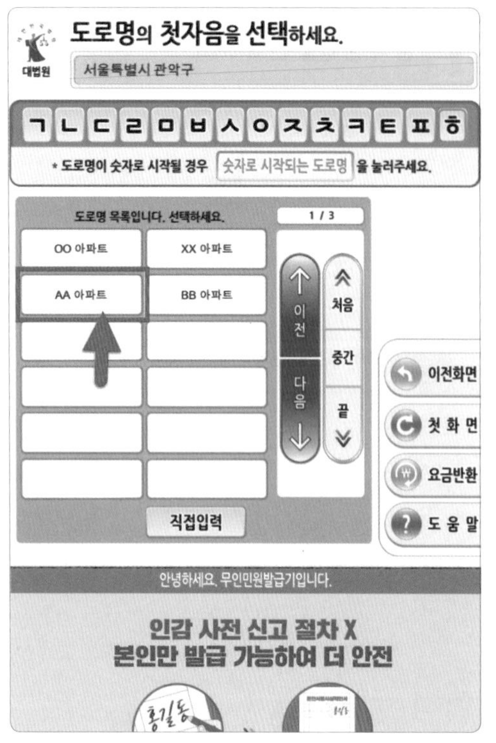

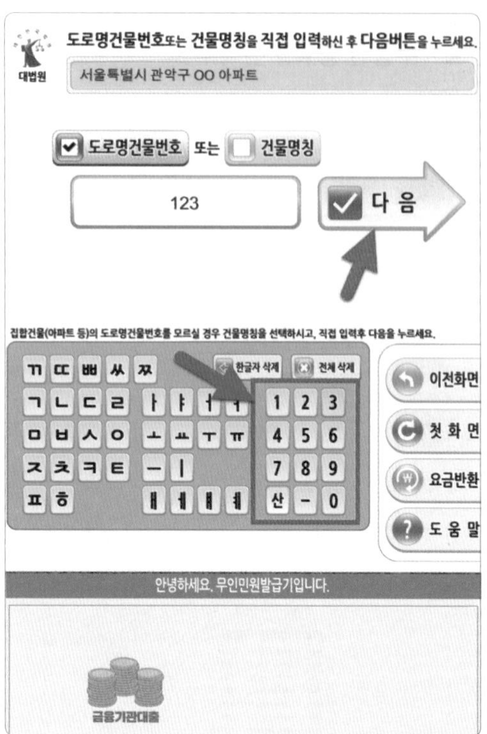

06 아파트 동수를 입력한 후 **다음**을 누르고, 아파트 호수를 입력한 후 **다음**을 누릅니다.

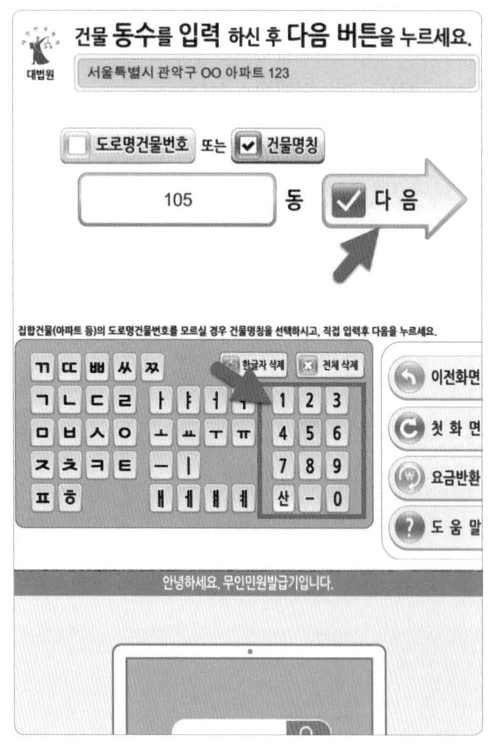

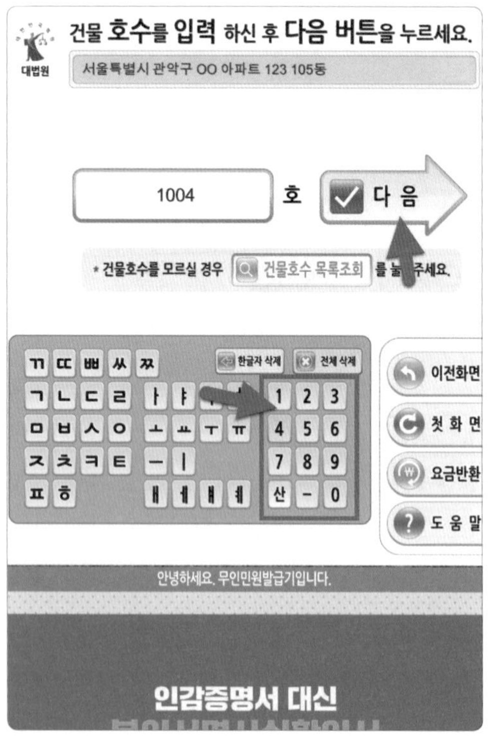

07 입력사항이 맞으면 첨부해서 들어갈 내용을 체크한 후 **발급통수**를 선택한 후 **발급** 버튼을 터치합니다. 오른쪽 사진처럼 출력중인 화면이 나오게 됩니다.

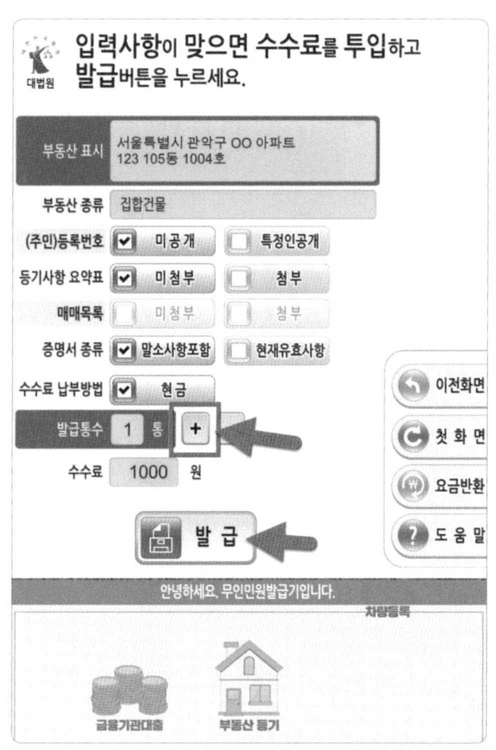

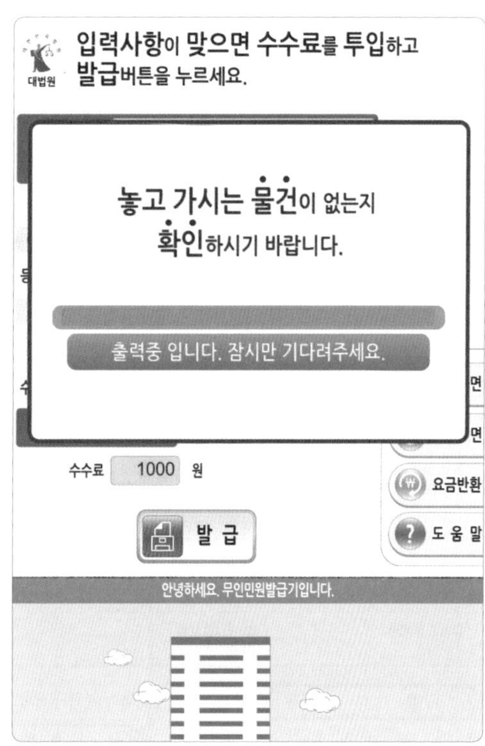

08 발급이 완료되면 민원발급기의 첫 화면으로 되돌아갑니다.

01 은행에서 대출을 받으려면 필요한 서류가 부동산등기부 등본 1통과 세대구성원정보가 모두 표시된 주민등록초본 2통을 준비해야 합니다. 민원발급기에서 스스로 발급을 시도해 보세요.

등기부 등본 (현재 유효사항) - 건물

예시

서울특별시 강남구 삼성동

①【 표 제 부 】 (건물의 표시)

표시번호	접 수	소재지번 및 건물번호	건 물 내 역	등기원인 및 기타사항
1 (전 1)	1984년7월11일	서울특별시 강남구 삼성동	철근콘크리트조 평슬래브지붕 3층 근린생활시설 1층 148.68㎡ 2층 148.68㎡ 3층 148.68㎡ 지하1층 148.68㎡ 옥탑 14.14㎡	도면편철장 제2책제419장

②【 갑 구 】 (소유권에 관한 사항)

순위번호	등 기 목 적	접 수	등 기 원 인	권 리 자 및 기 타 사 항
1 (전 1)	소유권보존	1984년7월11일 제25682호		소유자 홍길동 401010-1****** 서울 서초구 서초동 125-4 동아아파트

③【 을 구 】 (소유권 이외의 권리에 관한 사항)

순위번호	등 기 목 적	④ 접 수	⑤ 등 기 원 인	권 리 자 및 기 타 사 항
1	⑥ 전세권설정	1995년6월12일	1995년2월3일	전세금 220,000,000원정

• 실선으로 그어진 부분은 말소사항을 표시

발행번호 11420011403192063010962211SLK

문서확인번호 1458- -9 -

1/2

주 민 등 록 표
(초 본)

이 초본은 개인별 주민등록표의 원본 내용과 틀림없음을 증명합니다.
담당자: 전화:02-351-5188
신청인:안 (19 - -)
용도 및 목적:

2016 년 월 일

서울특별시 은평구청장

성 명(한자)	안 (安)	주민등록번호	80 -2

번호	인 적 사 항 변 경 내 용
	== 공 란 ==
	"주민등록번호 정정내역 없음"

번호	주 소	전 입 일 / 변 동 일 변 동 사 유		세대주및관계 등록상태
1	서울특별시 도봉구	----------	19 - - 출생등록	
2	서울특별시 서대문구	1982-10-30	1982-10-30 전입	의 자
3	서울특별시 은평구	1984-08-24	1984-08-24 전입	의 자
4	서울특별시 은평구	1989-10-28	1989-10-28 전입	의 자
5	서울특별시 은평구	1991-05-31	1991-05-30 전입	의 자
6	서울특별시 은평구	1995-11-17	1995-11-17 전입	의 자
7	서울특별시 은평구	2000-09-26	2000-09-26 전입	의 자
8	[은평구통반설치조례3조에의거통반변경]			
9	서울특별시 은평구	----------	2002-09-01 통반변경	의 자
10	서울특별시 은평구	2004-11-06	2004-11-06 전입	의 자

서울특별시 은평구청장

은평구청장

02 강아지를 입양하려고 하는데 가족관계증명서 1통과 주민등록등본 1통을 지참해서 신청서를 제출해야 합니다. 혼자서 필요한 서류 발급을 시도해 보세요.

[별첨 1] 변경된 주민등록번호가 공시제한된 홍본인의 가족관계증명서 예시

견본

가 족 관 계 증 명 서 (일 반)

등록기준지	서울특별시 서초구 서초대로1길 2

구분	성 명	출생연월일	주민등록번호	성별	본
본인	홍본인(哄信仝)	1988년 07월 01일	880701-1234567	남	陜川

가족사항

구분	성 명	출생연월일	주민등록번호	성별	본
부	홍부친(哄佃鵝)	1955년 01월 21일	550121-1234567	남	陜川
모	김모친(金[illegible])	1955년 06월 24일	550624-2345678	여	今寧
배우자	김부인(佃予沏)	1989년 04월 12일	890412-2******	여	穎陽
자녀	홍자녀(哄仔女)	2018년 02월 01일	180201-3456789	남	陜川

위 가족관계증명서(일반)는 가족관계

2018

문서확인번호 1458- -4 - 1/1

주 민 등 록 표

(등 본)

이 등본은 세대별 주민등록표의 원본 내용과 틀림없음을 증명합니다.
담당자: 전화:02-351-5188
신청인:안 (1980- -)
용도 및 목적:

2016 년 월 일

서울특별시 은평구청장

세대주 성명(한자)	안 (安)	세대구성 사유 및 일자	분가 1981- -

번호	주 소	전입일 / 변동일 변동사유
현주소:	서울특별시 은평구	---------- 2012-02-24 도로명주소변경
	--공 란--	

번호	세대주와의 관계	성 명(한자) 주민등록번호	전입일 / 등록일 등록상태	변동사유
1	본인	안 (安) 50 -1	거주자	
2	처	임 (林) 52 -2	---------- 1983- - 거주자	호적신고에의한정리
3	자	안 (安) 80 -2	---------- 1981- - 거주자	출생등록
		== 이하 여백 ==		

서울특별시 은평구청장

CHAPTER 02 ▶

영화 예매와 현장 발권하기

CHAPTER 02-1 키오스크 예매티켓 발권하기

01 키오스크 첫 화면에서 **영화관**을 선택한 후 가운데를 터치해 줍니다.

02 스마트폰으로 예매한 티켓을 출력하기 위해 **예매티켓 출력**을 누른 후 **예매번호 뒷자리(11자)**를 입력한 후 **확인**을 누릅니다.

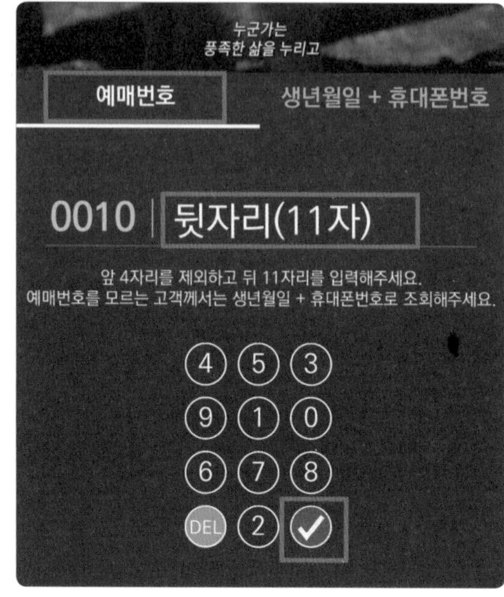

03 스마트폰을 소지하지 않으면 예매번호를 알기 힘들 때, **생년월일+휴대폰번호**를 입력하고 확인을 누르면 예매한 영화가 나오게 됩니다. 하단의 **티켓 출력**을 누르면 발권이 시작됩니다.

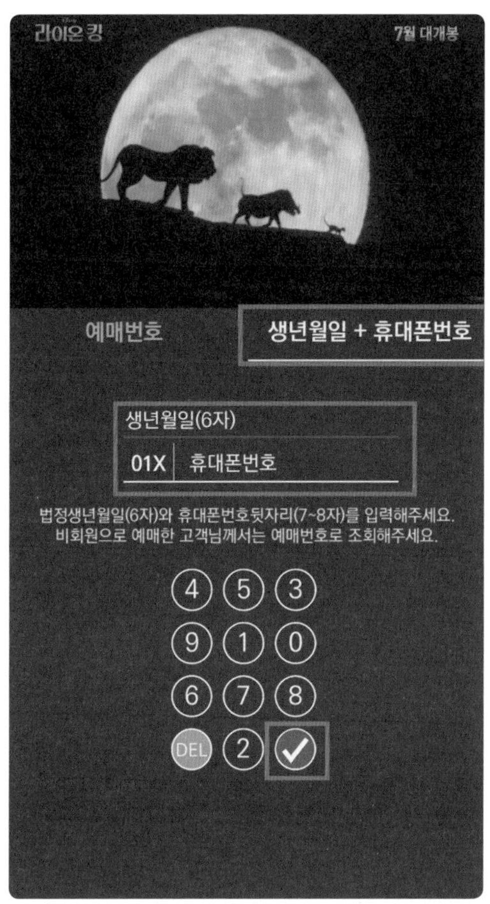

04 티켓 출력이 완료되면 키오스크의 화면은 자동으로 첫 화면으로 되돌아가게 됩니다. 티켓을 뽑아서 확인한 후 이제 맛있는 키오스크로 팝콘과 콜라도 주문해 보세요.

CHAPTER 02-2 키오스크로 현장 발권하기

01 영화관 첫 화면에서 화면을 터치한 후 **티켓구매**를 눌러 현장 발권을 합니다.

02 현금결제가 불가능하고 카드로만 결제가 가능한 키오스크 알림창이 나오면 **확인**을 눌러서 다음으로 진행합니다. 추천영화가 나오는데 보고 싶은 영화를 골라 **지금 예매**를 누릅니다.

03 관람 인원수를 선택하는데 **일반 2명**을 선택하도록 하겠습니다. 오른쪽 사진과 같이 좌석표가 나오면 2자리를 선택한 후 **결제할래요**를 누릅니다. 선택했던 좌석을 다시 눌러 취소할 수 있습니다.

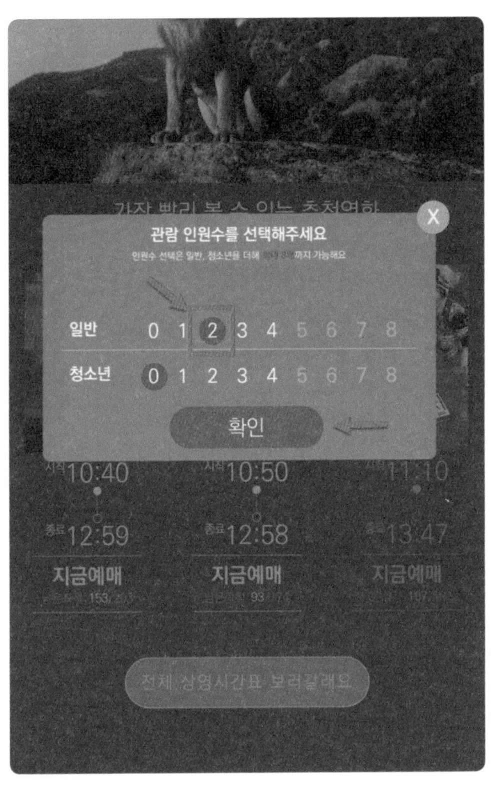

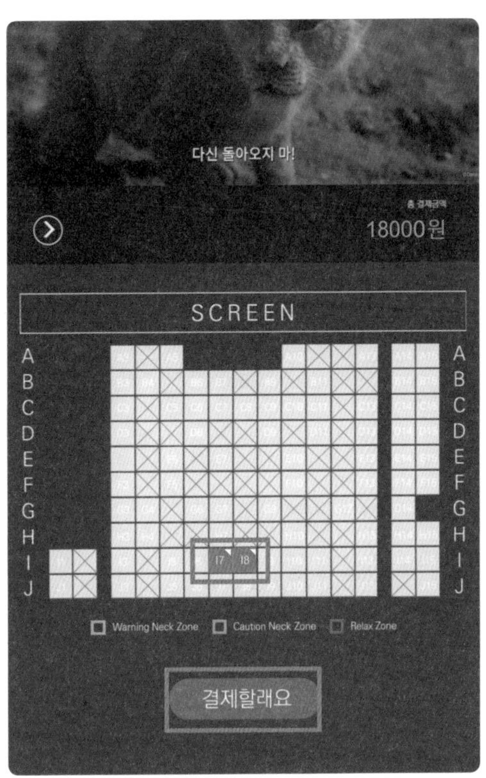

04 예매/주문한 내역을 확인하는 화면이 나오면 시간과 상영관을 확인한 후 **결제할래요**를 누르면 포인트 적립화면이 나오는데 **skip**을 눌러서 적립을 안해도 되며, 회원일 경우 휴대폰번호와 생년월일을 눌러서 적립을 할 수도 있습니다.

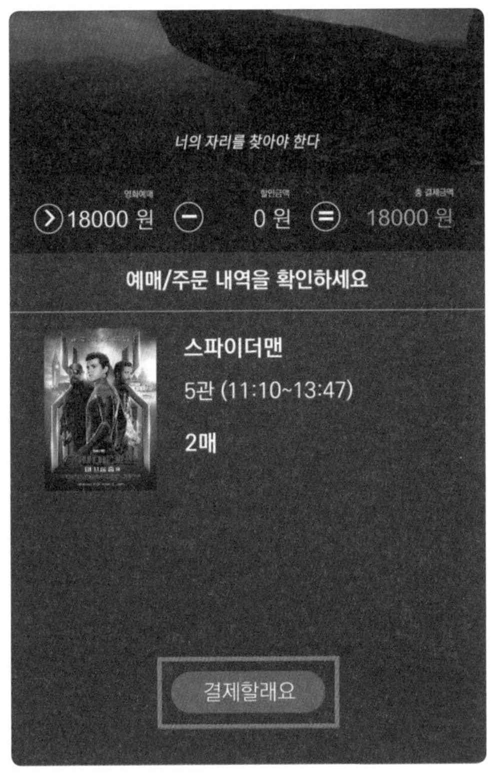

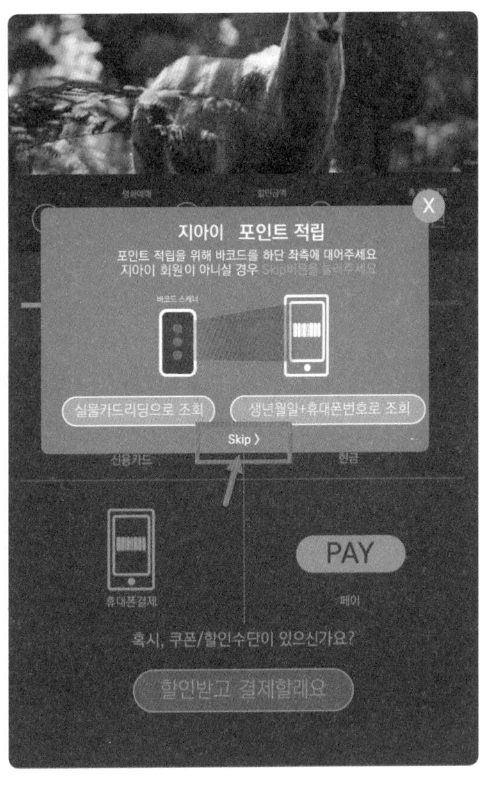

05 신용카드/체크카드를 투입구에 삽입한 후 티켓이 완료될 때까지 절대 빼면 안됩니다. 카드사 포인트를 사용할 것인지 묻는 화면이 나와도 절대로 취소를 누르면 안되고 **결제할래요**를 누릅니다.

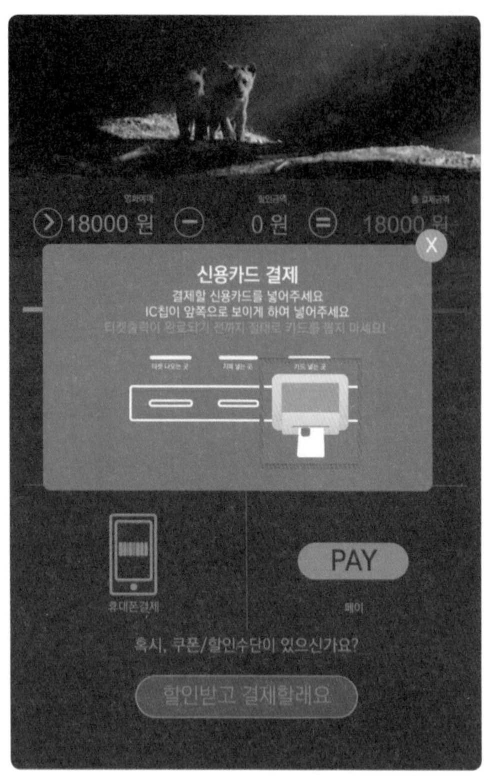

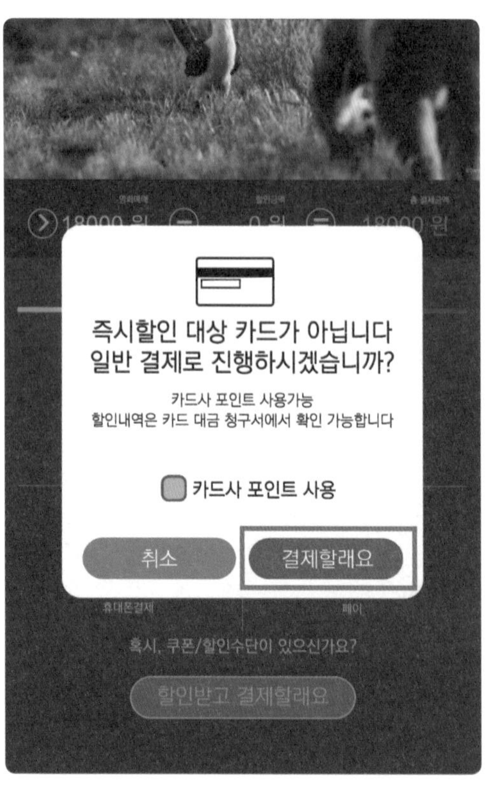

06 티켓을 발권중이므로 결제가 완료되었다는 오른쪽 사진과 같이 알림창이 나오기 전까지 카드를 뽑으면 안됩니다. 이제 콜라와 팝콘도 키오스크로 주문해서 즐겁게 영화를 관람하시기 바랍니다.

CHAPTER 02-3 영화 예매하기

01 Play 스토어에서 CGV를 설치한 후 실행해서 접근권한화면은 **확인**을 누릅니다.

02 예약확인을 전송하기 위해 접근을 **허용**하고, 위치정보를 파악해서 근처 영화관을 알려주기 위한 접근권한도 **허용**을 누릅니다.

03 첫 화면은 광고와 알림사항의 상자가 나오므로 **오늘 하루 보지 않기**를 눌러준 후 예매할 영화를 찾아서 포스터 아래의 **지금예매**를 터치합니다.

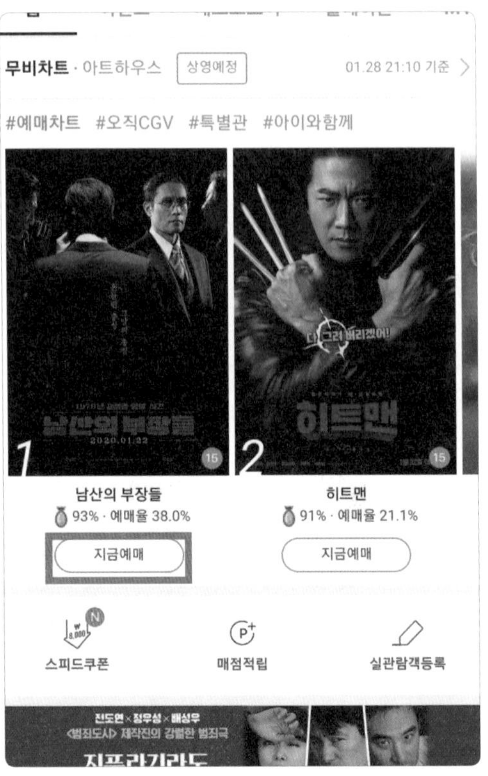

04 처음이라 선택된 극장이 없다고 나오는데 **CGV 선택**을 눌러서 영화를 보고 싶은 지역을 선택하도록 합니다. 전국적으로 169개의 상영관이 있는데 서울은 상영관이 29개 있다고 표시되어 있으며, 우리는 **서울**을 선택하도록 하겠습니다.

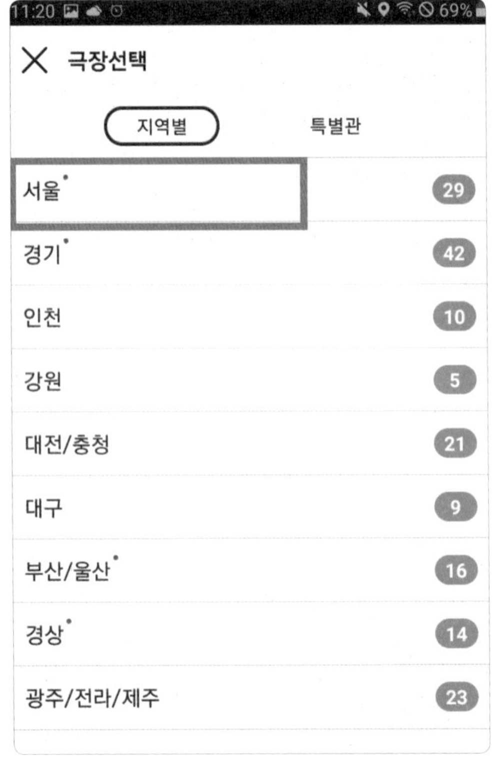

05 예약할 날짜를 선택하면 각 상영관의 영화시간이 나타납니다. 우리는 동대문에서 영화를 보고자 합니다. 동대문이 나올 때까지 **위로 드래그**를 합니다.

06 예매할 시간대를 살펴보고 남은 좌석이 있는지 확인한 후 터치를 하게 되면 오른쪽 사진과 같이 몇 관에 몇 층을 안내하고 있으며 대략적인 영화관의 좌석들이 보이고 있습니다. **인원/좌석 선택**을 눌러서 예매를 계속 진행합니다.

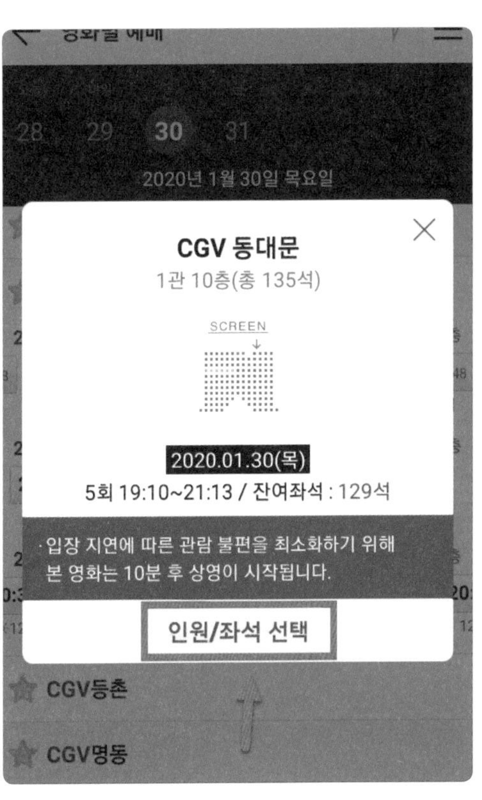

07 회원이 아니면 **비회원 예매하기**를 누른 후 오른쪽 사진과 같이 주민번호 6자리, 비밀번호 4자리를 동일하게 2회, 휴대폰번호를 입력한 후 카카오톡으로 인증번호가 전송되므로 4자리 번호를 입력한 후 인증확인을 누릅니다.

08 **개인정보 수집 및 이용 동의(필수)**에 체크를 한 후 확인을 누릅니다. 티켓 확인을 위해 입력한 휴대폰 번호와 생일을 잘 기억하란 상자에서 **확인**을 누릅니다.

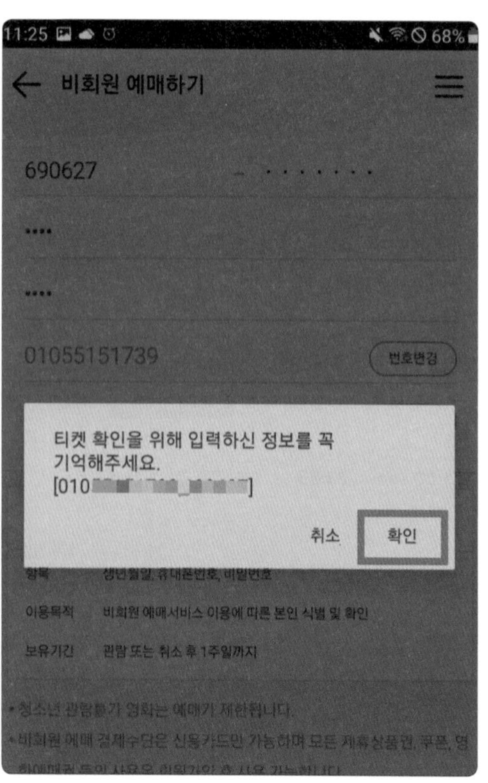

09 관람에 연령제한이 있을 때 알림창이 나오면 **확인**을 누른 후 관람할 인원을 선택한 후 손가락이 가리키고 있는 **좌석그림**을 터치합니다.

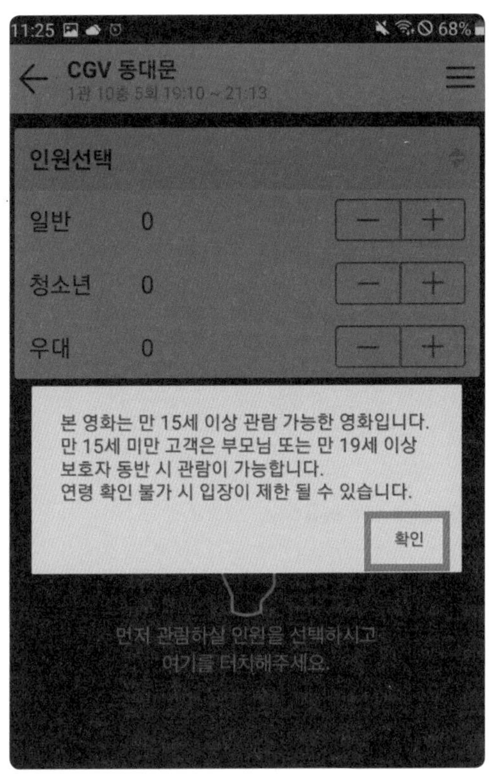

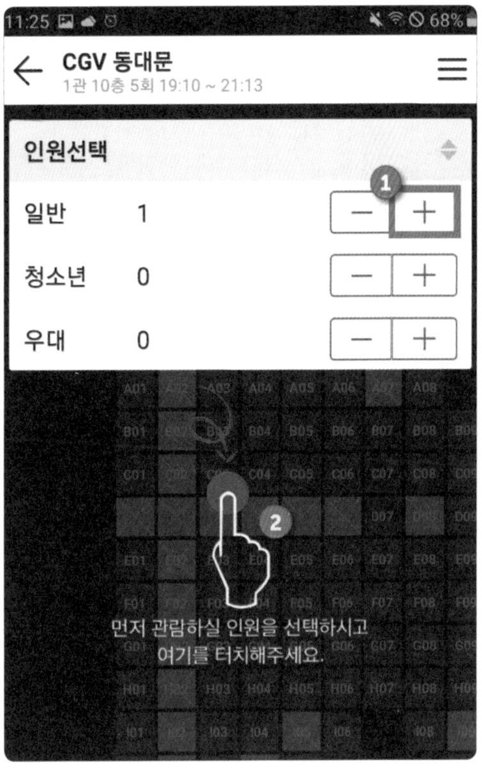

10 관람하기 편한 자리를 인원수에 맞게 선택하면 되는데 × 표시는 이미 예약이 된 곳이므로 좌석번호가 보이는 곳을 선택한 후 **다음**을 눌러서 결제화면이 나오면 **신용/체크카드**를 선택해 봅니다. 체크/신용카드 종류에 따라 앱을 설치해야 하는 경우가 발생합니다.

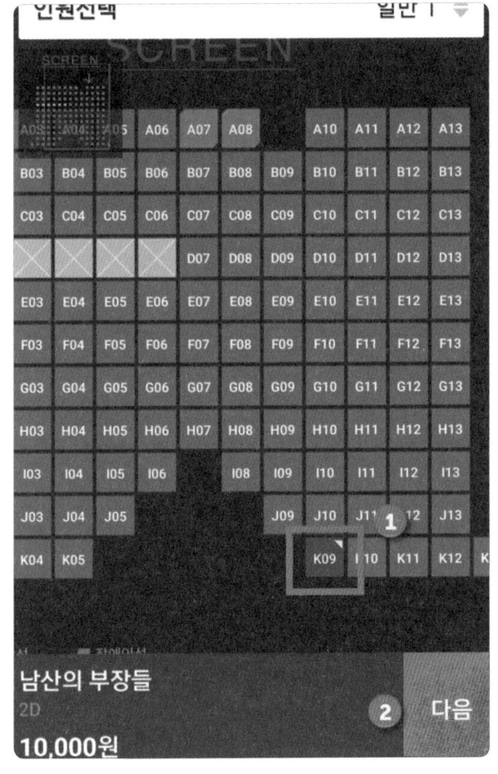

11 국민, BC, 우리등 여러 은행이 **모바일 ISP** 앱을 설치해서 인증과정을 거쳐야 결제가 이뤄지는데 한 번만 설치하면 되지만 여기서는 **닫기**를 한 후 **휴대폰 결제**를 이용해 결제를 진행하도록 합니다.

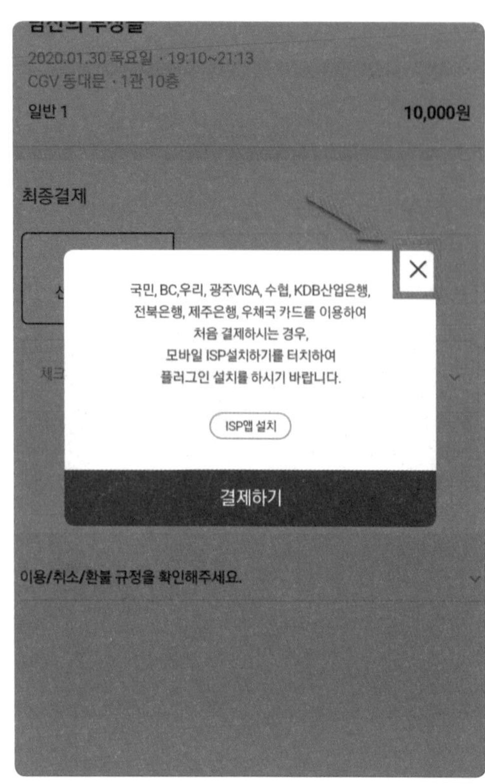

12 이용약관은 **전체동의**에 체크를 한 후 본인이 이용하는 통신사를 선택하면 되는데 KG모빌리언스라는 회사를 이용해서 결제를 이용하기 때문에 통신사와는 관계없이 동일한 화면으로 진행이 됩니다.

13 휴대폰 번호를 입력하고, 주민번호 6자리와 뒤 성별을 의미하는 1 또는 2를 입력한 후 **다음**을 누르고 인증요청 알림창은 **확인**을 눌러서 닫기를 합니다.

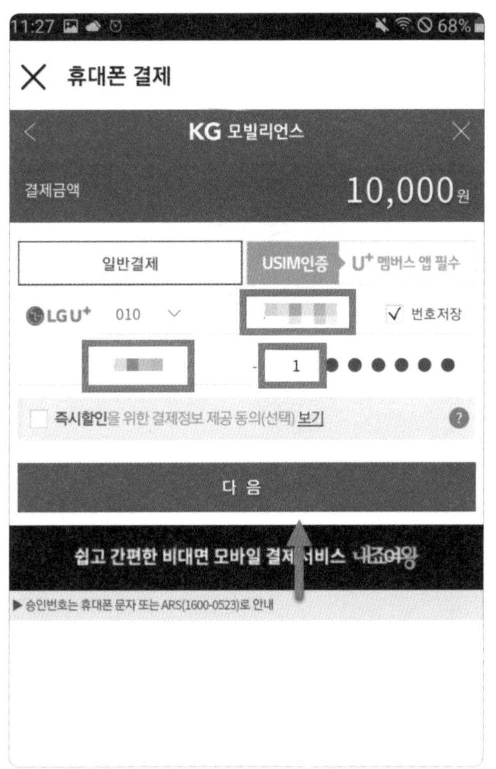

14 6자리 인증번호를 입력한 후 결제를 누르면 오른쪽 사진과 같이 모바일티켓이 발송됩니다. 상단에 예매한 티켓의 예약번호가 보입니다.

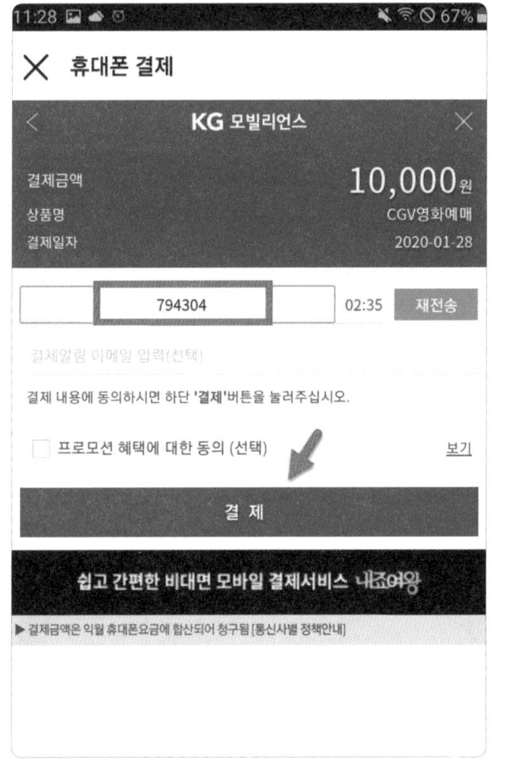

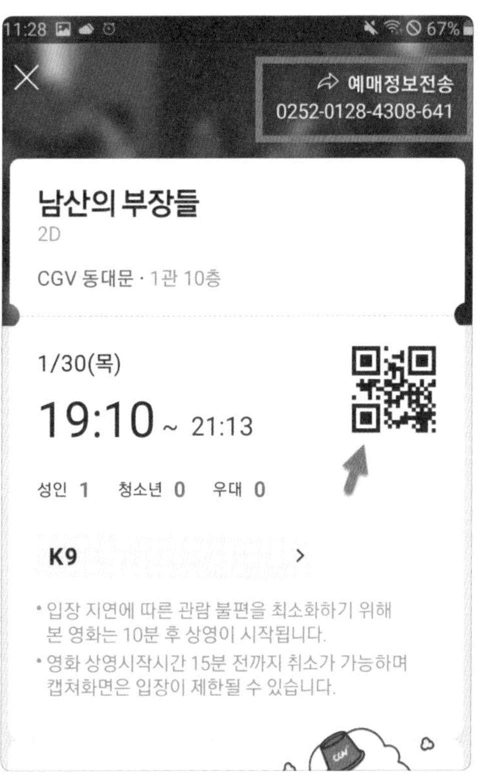

01 영화관 앱을 실행하면 상단의 티켓 모양에 숫자가 보입니다. 터치하거나 흔들면 곧 바로 예매한 모바일티켓이 보입니다. 키오스크에서 예매번호가 필요합니다.

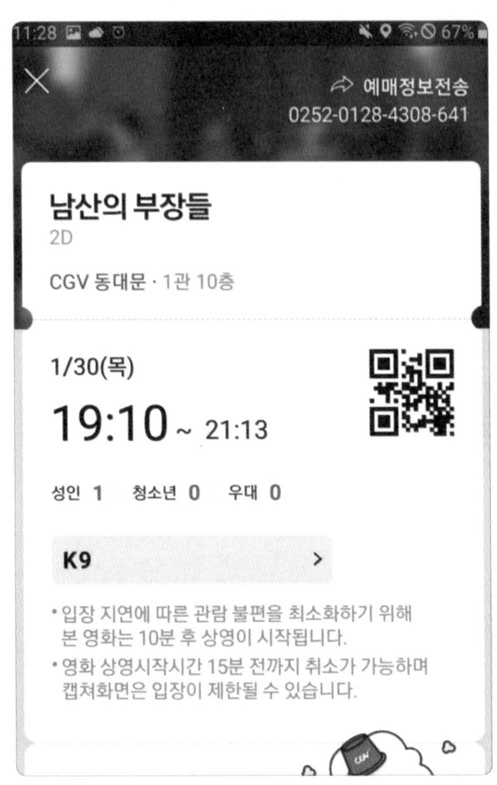

02 화면을 위로 드래그해서 아래쪽에 표시된 **예매취소**를 누르면 예매를 취소할 수 있습니다. 취소는 상영 시작 시간 15분 전까지 가능합니다.

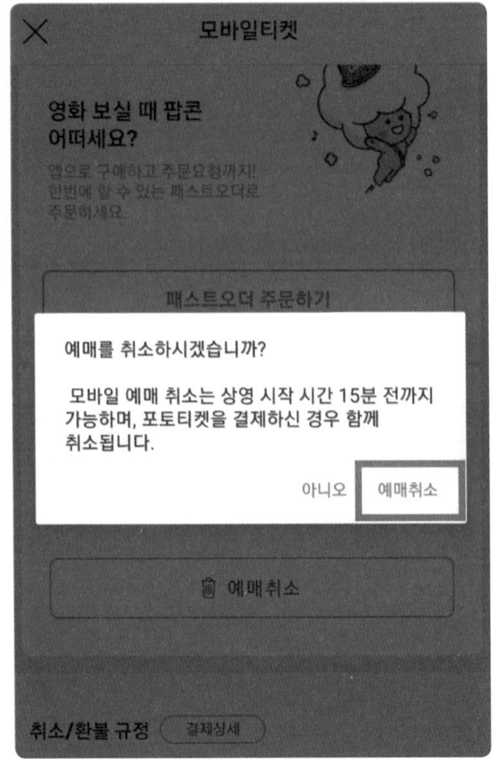

CHAPTER 02-5 키오스크를 이용하여 혼자 해보기

01 영화 스파이더맨을 성인1명, 어린이 2명으로 좌석번호는 J7, J8, J9로 예매를 해보세요.

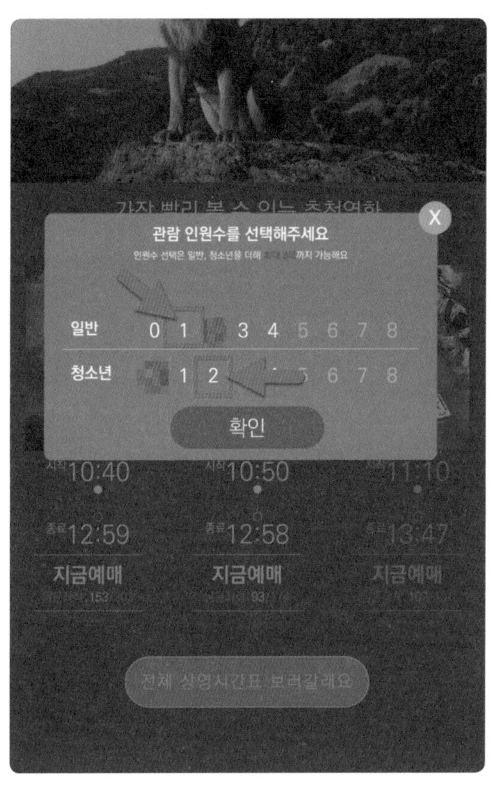

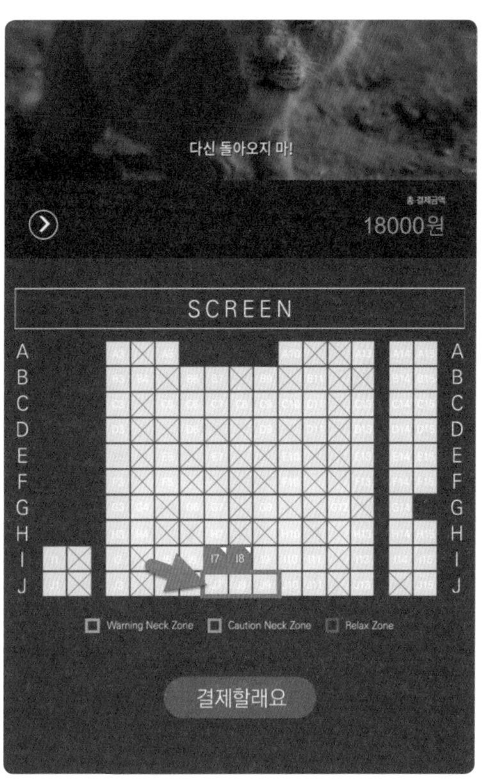

02 스마트폰으로 예매한 티켓을 키오스크로 발권하는데 스마트폰에 있던 예매번호를 분실했습니다. 키오스크에서 휴대폰번호로 발권해 보세요.

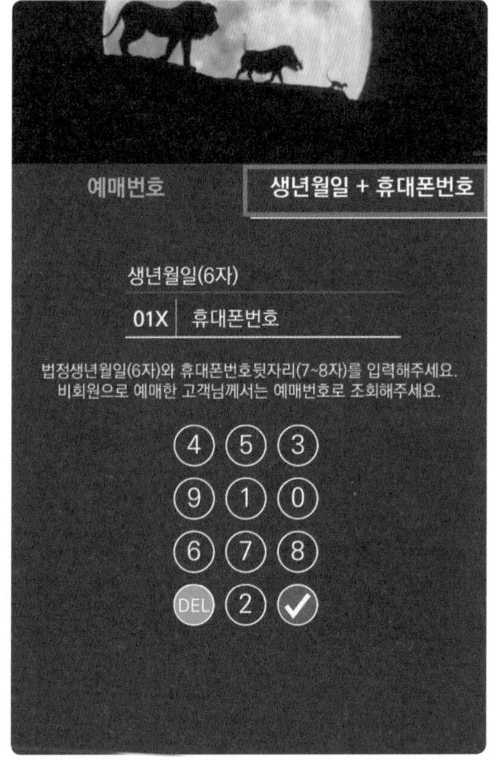

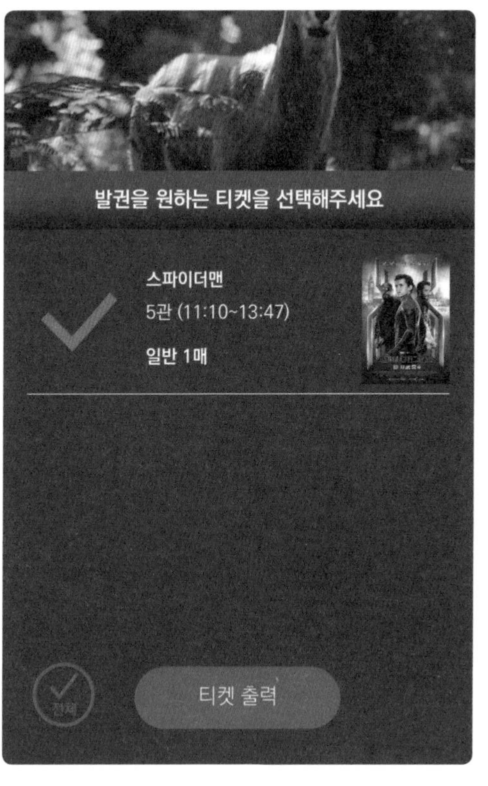

CHAPTER 03 ▶ 카페 키오스크 주문하기

CHAPTER 03-1 단품 주문하기 ▸▸▸

01 키오스크 첫 화면에서 **카페**를 누른 후 **매장에서 먹기**를 터치합니다.

02 커피(HOT)에서 **까페라떼**를 선택한 후 **샷추가1개**를 선택해서 달콤한 커피를 주문합니다.

03 샷 추가한 커피와 +를 눌러서 까페라떼를 1잔 더 주문하면 합계금액이 5,500원인 것을 확인한 후 우측하단의 **결제** 버튼을 누릅니다.

04 주문한 음료가 하단에 표시가 되는데 추가를 더 하려면 품목을 선택하면 됩니다. 여기서는 까페라떼 2잔을 주문하는 것으로 진행하겠습니다. 우측하단의 **카드**를 누른 후 카드투입구에 신용카드/체크카드를 삽입합니다.

05 카페에서 운영되고 있는 적립방법으로 스탬프를 진행하겠는가를 묻는 경우가 많습니다. **예**를 눌러서 휴대폰 번호를 입력한 후 **확인**을 누릅니다.

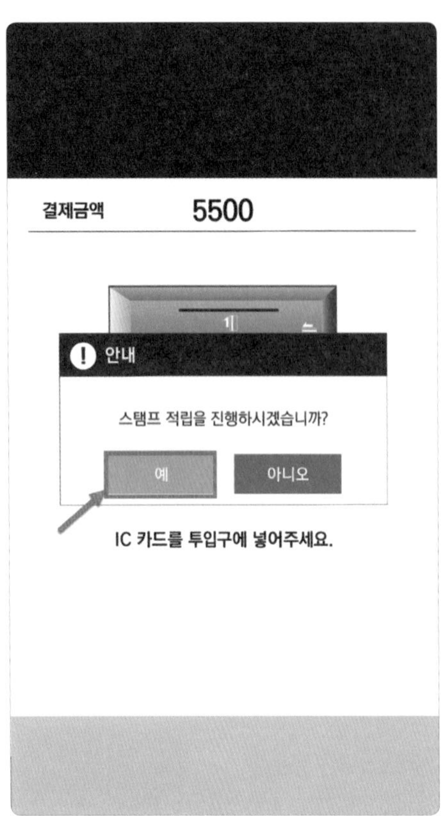

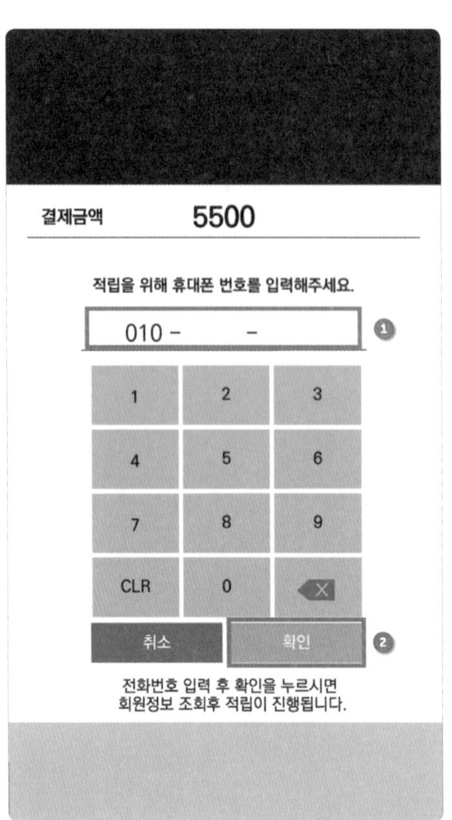

06 입력한 휴대폰 번호로 적립을 진행하겠느냐고 묻는 화면에서 예를 눌러서 진행을 하도록 하면 1스템프 적립되었다는 메시지가 나오면 확인을 누릅니다. 카페별로 10잔 또는 12잔을 마시면 1잔이 무료로 제공되거나, 금액별로 포인트가 누적되기도 합니다.

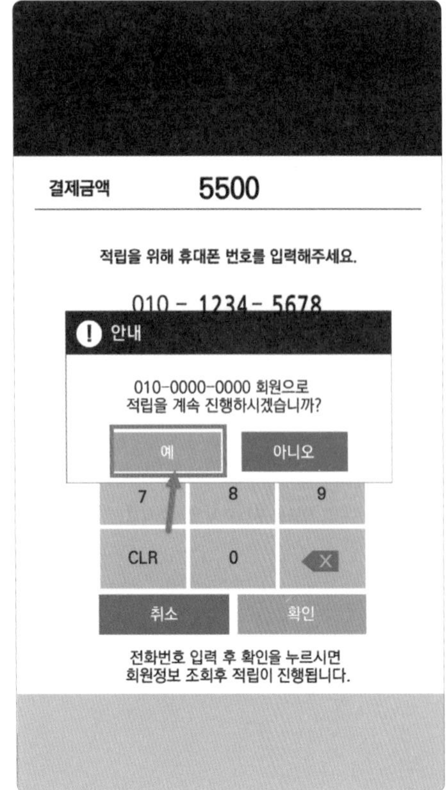

07 영수증이 발급된 후 카드를 회수하면 결제화면이 자동으로 닫히고 카페 첫 화면이 다시 나오게 됩니다.

여러 가지 주문하기

01 매장에서 먹기를 선택 후, 상단에서 **디저트**를 누른 후 **애플파이**를 선택합니다.

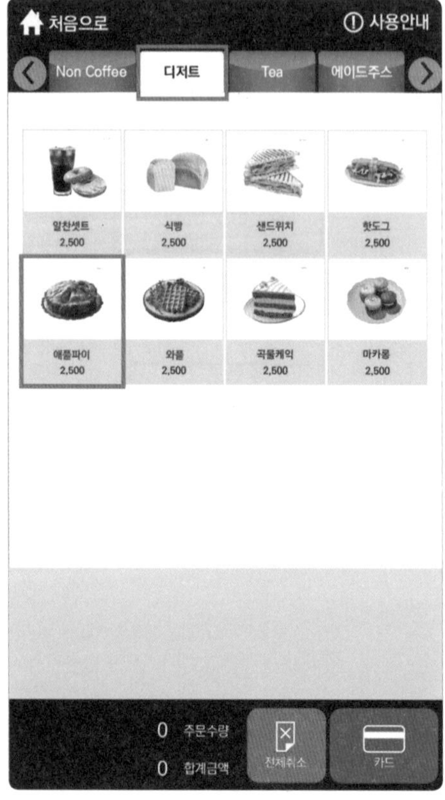

02 애플파이를 1개만 결제하도록 결제를 누르면 오른쪽 화면과 같이 카드를 눌러서 곧 바로 결제를 할 수 있지만, 상단에서 **Tea**를 눌러 다른 품목도 주문하도록 하겠습니다.

03 **아이스티**를 선택한 후 우측하단의 **결제** 버튼을 눌러서 주문상자에 담아둡니다. 결제는 장바구니에 담기와 비슷한 기능으로 이해하시기 바랍니다.

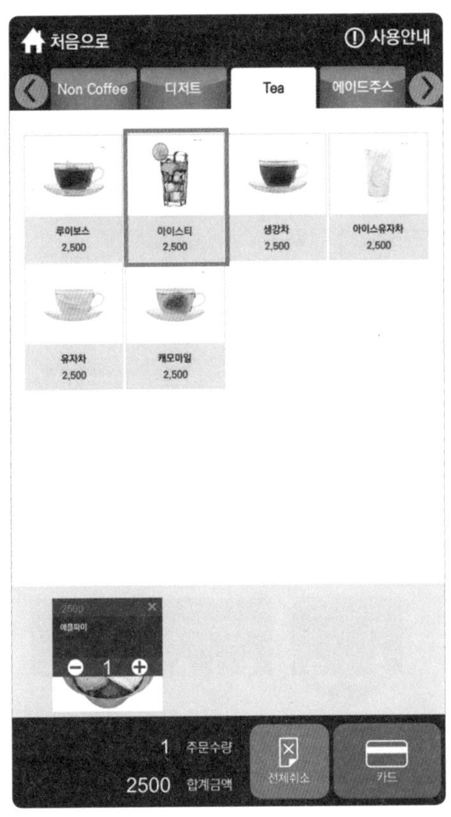

04 상단의 다른 페이지를 보기위해 〉 버튼을 누른 후 Non Coffee에서 **망고주스**를 선택하도록 합니다.

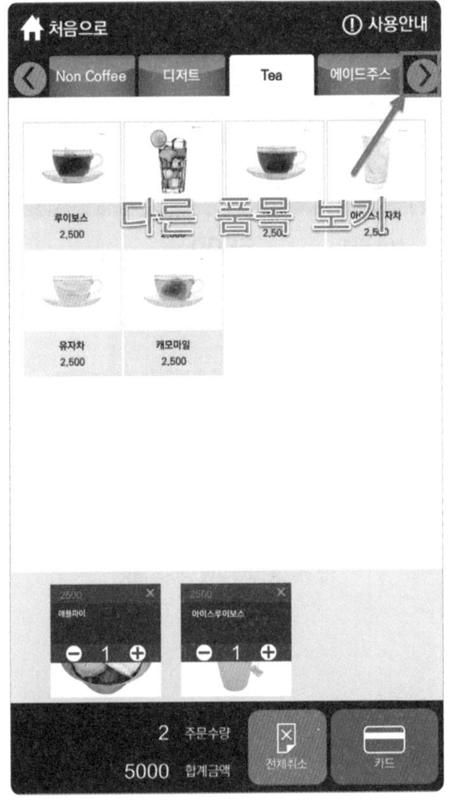

05 **결제** 버튼을 누르고 망고주스의 **+**를 눌러서 2개로 변경한 후 **카드**를 눌러 결제를 진행하도록 합니다.

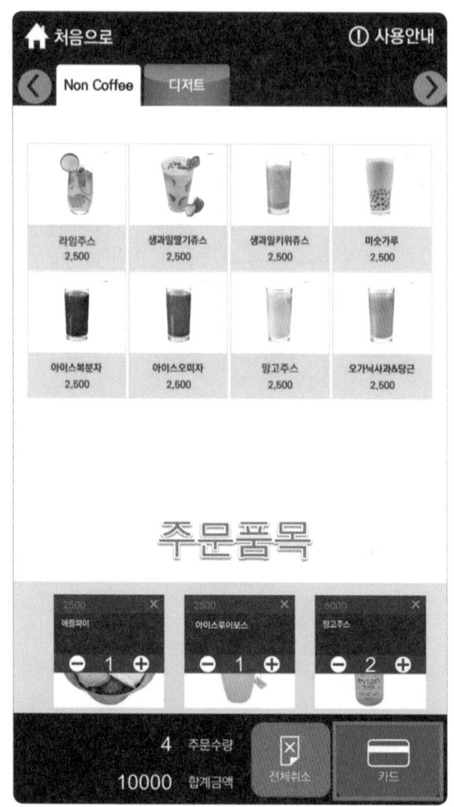

06 카드를 투입구에 삽입한 후 스탬프 적립을 진행하겠는가?에서 **예**를 눌러서 휴대폰 번호를 입력한 후 **확인**을 누릅니다. 아니오를 누르면 주문번호표와 영수증이 발급되고 첫 화면으로 되돌아가게 됩니다.

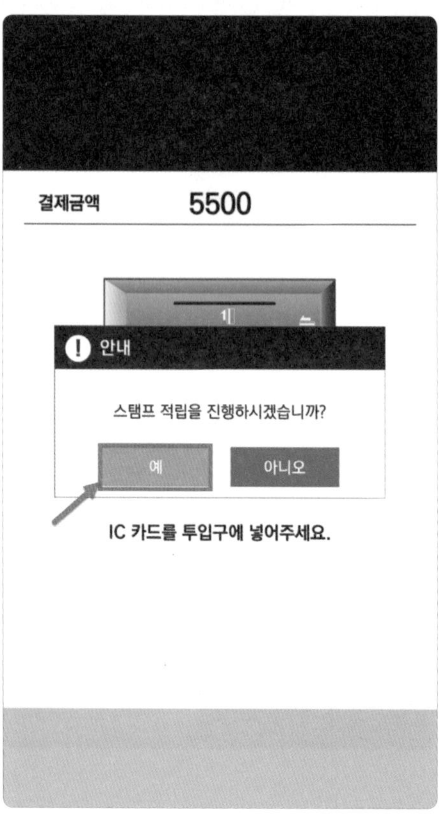

07 매장에 적립을 위해서 가입해 두었던 휴대폰 번호를 입력한 후 **확인**을 누르면, 휴대폰 번호로 적립을 진행하겠느냐고 묻는 화면에서 **예**를 누릅니다.

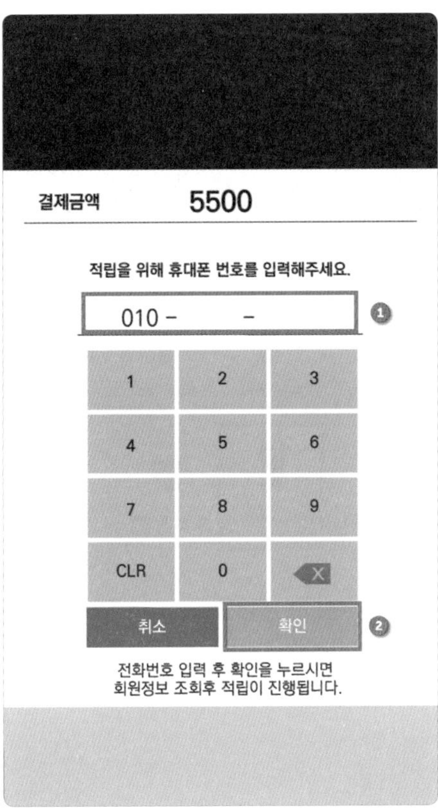

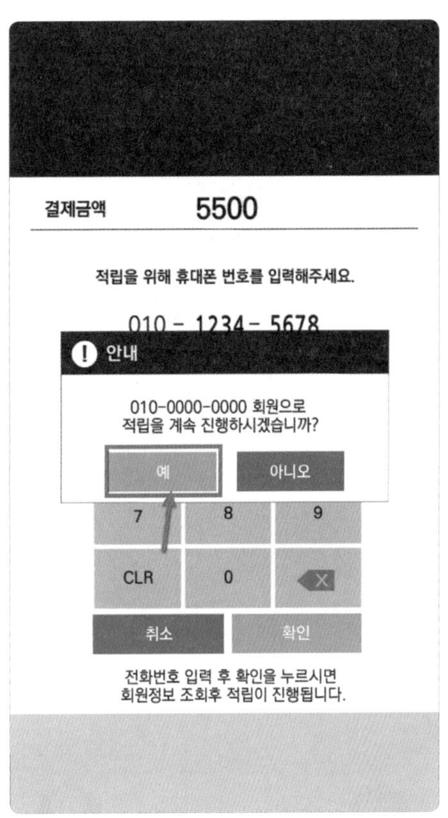

08 1 스탬프 적립되었다는 메시지가 나오면 **확인**을 누릅니다. 영수증이 발급된 후 카드를 회수하면 결제화면이 자동으로 닫힙니다.

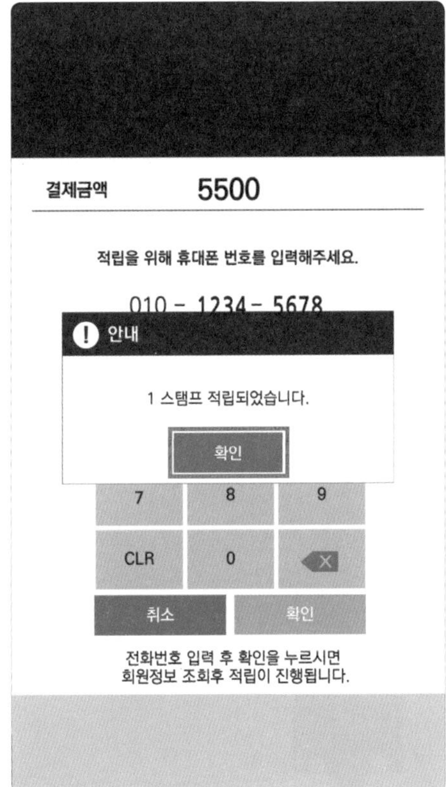

01 카페 첫 화면에서 **포장하기**를 터치한 후 상단에서 **커피(ICE)**를 눌러서 **아이스아메리카노**를 선택합니다.

02 +를 눌러서 2잔으로 변경한 후 하단의 **결제**를 누르고, 상단의 **에이드주스**를 눌러서 **레몬에이드**를 추가적으로 선택합니다.

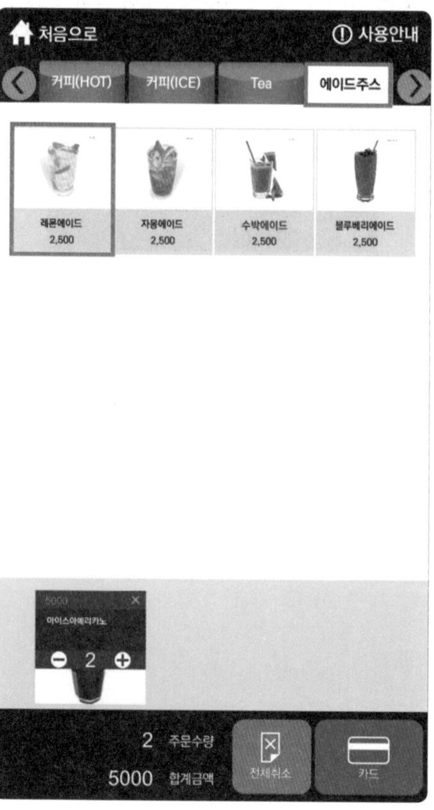

03 +를 눌러서 2잔으로 변경한 후 하단의 **결제**를 누른 후 주문품목에서 –를 눌러 레몬에이드를 **1잔으로 변경**합니다.

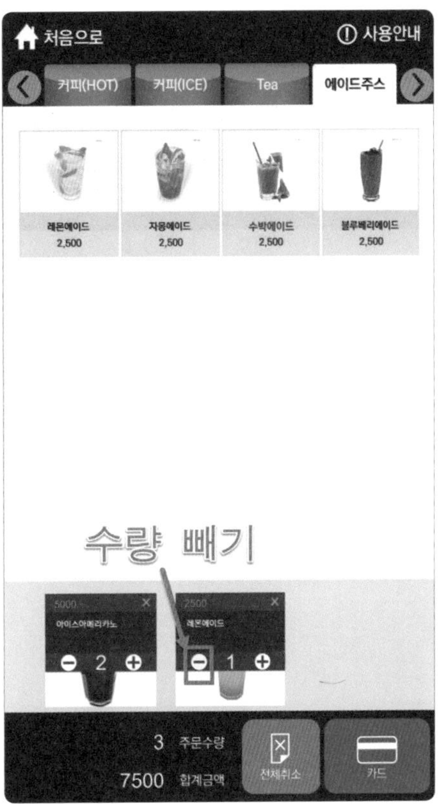

04 주문 도중에 선택을 처음부터 다시하려고 할 때는 하단의 **전체취소**를 누른 후 처음부터 진행할 수 있습니다. 상단의 **커피(ICE)**를 눌러서 **아이스까페라떼**를 선택하도록 하겠습니다.

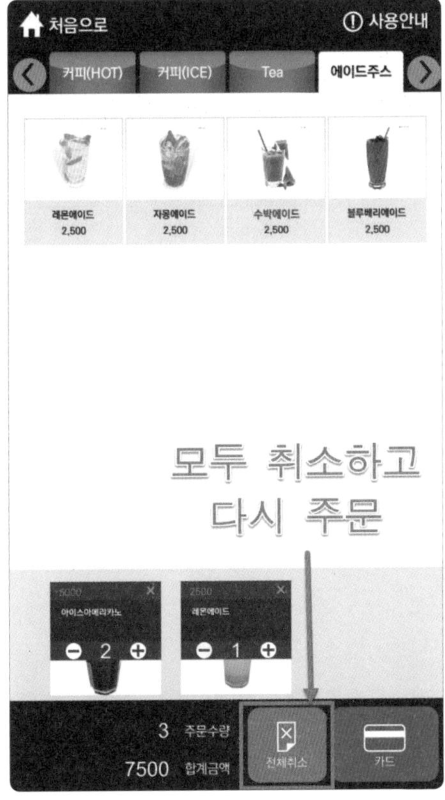

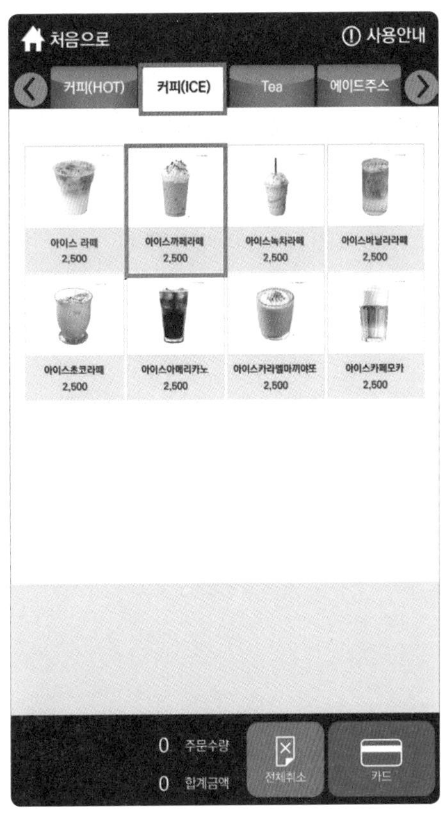

05 +를 눌러서 **4잔으로 변경**한 후 하단의 **결제**를 눌러서 결제를 진행하도록 합니다. **카드**를 누르면 결제가 진행됩니다.

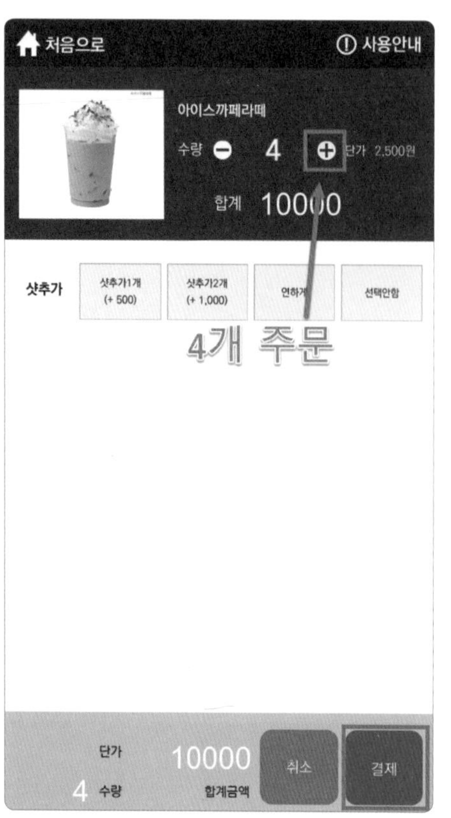

06 카드를 투입구에 삽입하면 스템프 적립을 할 것인지 물어보는데 여기서는 **아니오**를 눌러보도록 하겠습니다. 결제를 진행하는 화면에서 카드를 투입하지 않고 시간이 지나게 되면 결제화면이 자동으로 취소가 되고 첫 주문 화면으로 넘어가게 됩니다.

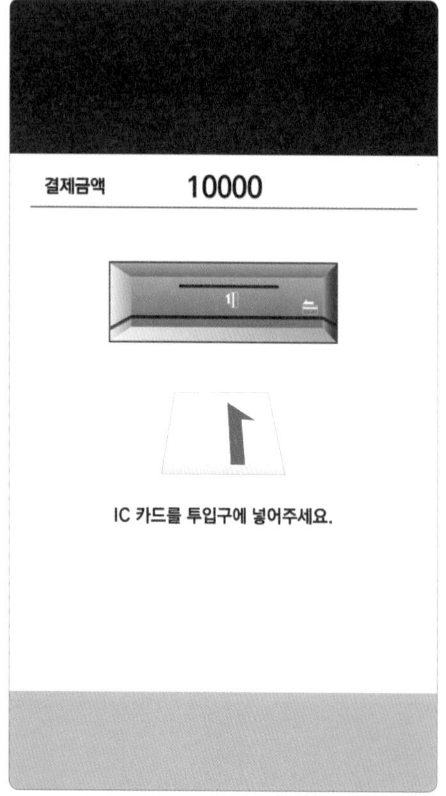

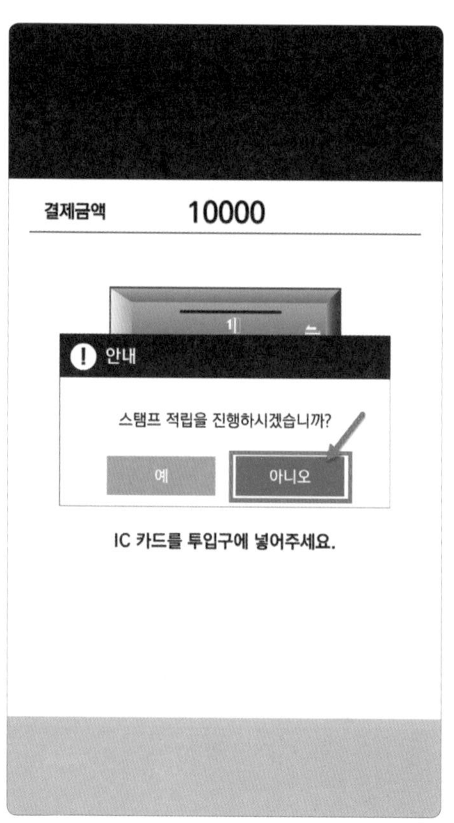

CHAPTER 03-4 키오스크 주문 혼자 해보기

01 오랜만에 친구와 함께 **카페 안에서** 이런저런 이야기를 디저트에서 **와플 1개**와 따뜻한 **아메리카노 2잔**을 주문해 보세요.

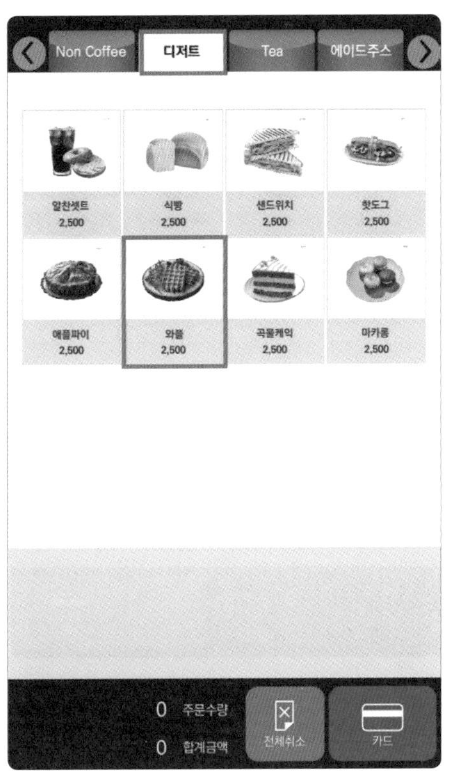

02 오랜만에 드라이브를 가려다 카페에서 음료를 **테이크아웃**하려고 합니다. **생과일쥬스 2잔**과 **아이스초코라떼 2잔**을 주문해보세요.

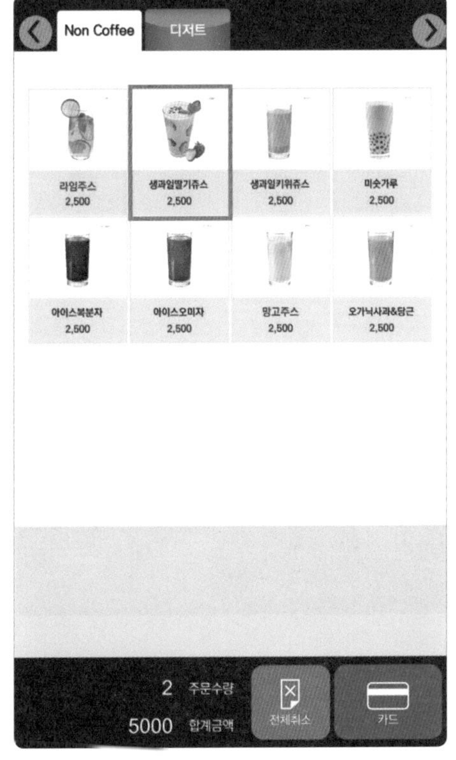

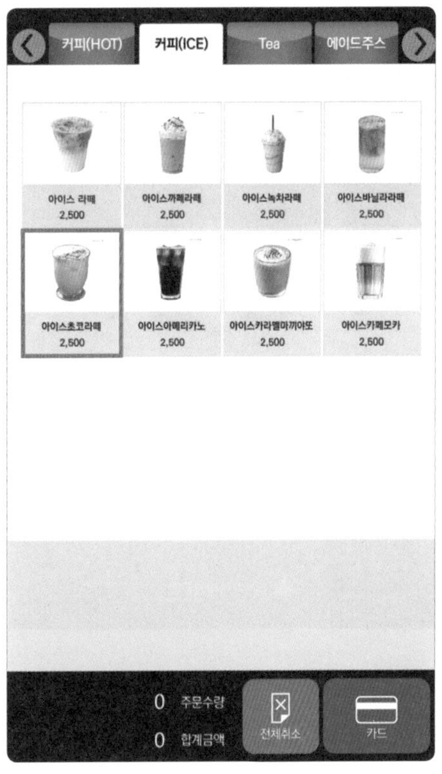

03 카페에서 친구와 카페라떼를 1잔씩 마신 후 헤어질 때 집에 아이들이 좋아하는 애플파이2개와 샌드위치2개를 포장할 수 있도록 주문해 보세요.

주문할 때 미리 주문하면 맛이 없어지므로 카페를 나갈 때 주문하는 것이 좋습니다.

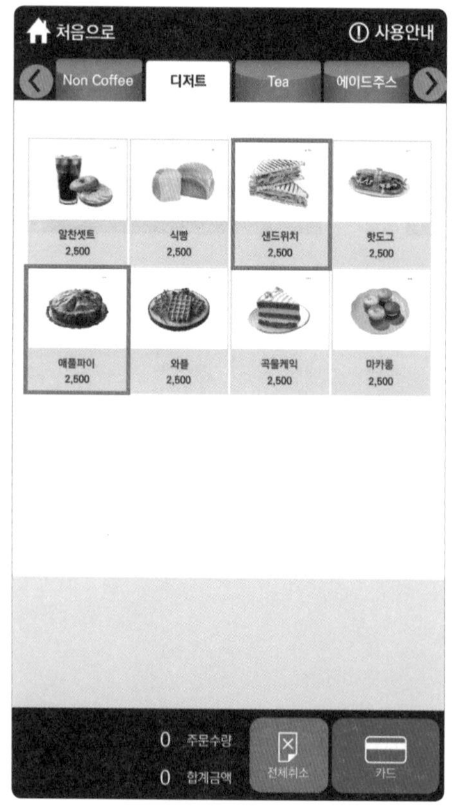

CHAPTER 04

지하철과 카카오택시/대중교통

CHAPTER 04-1 지하철 무인기기 이용하기

01 키오스크 첫 화면에서 **지하철**을 선택한 후 **목적지 선택** 버튼을 누릅니다.

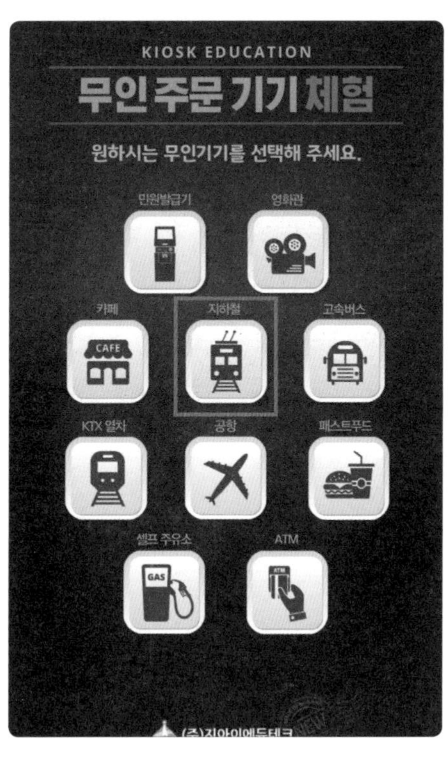

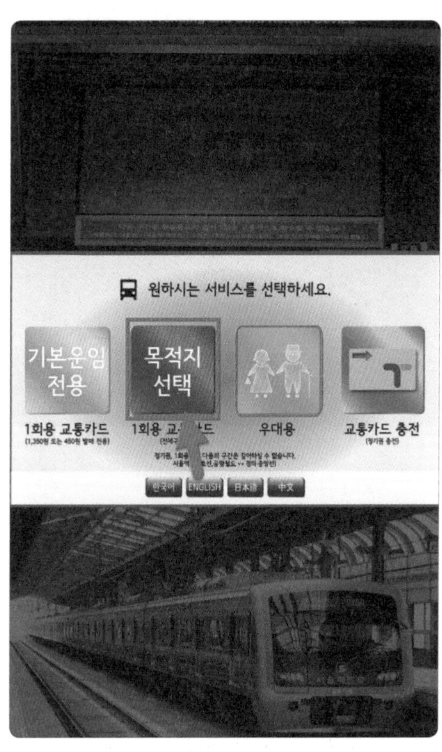

02 역명을 검색할 때 안국역을 선택하고자 ㅇ을 누른 후 **안국**을 선택합니다.

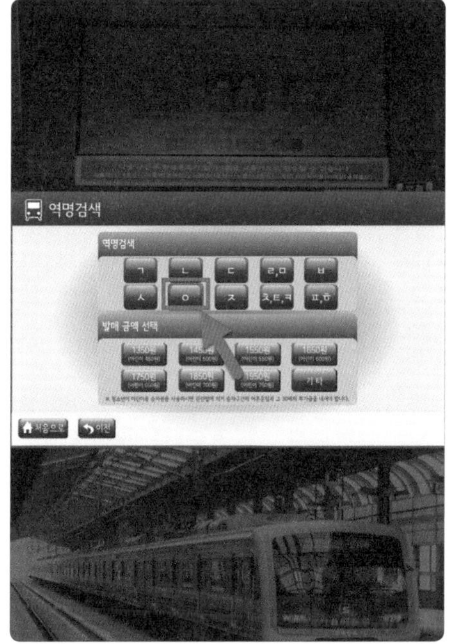

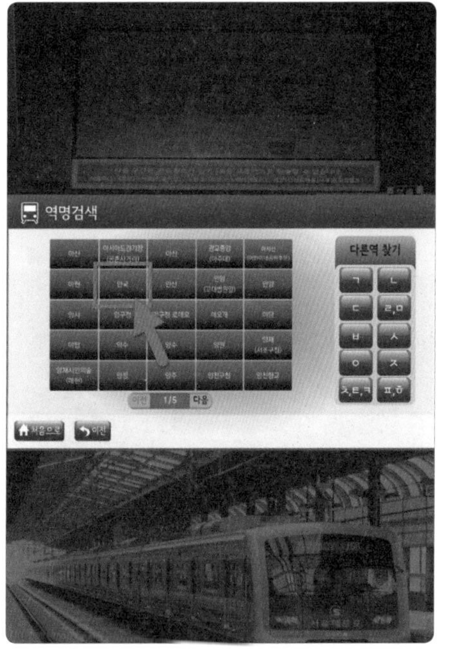

03 발권하기 위하여 매수를 누르면 금액이 나오게 됩니다. 지폐 또는 동전을 넣은 후 발권되기를 기다립니다.

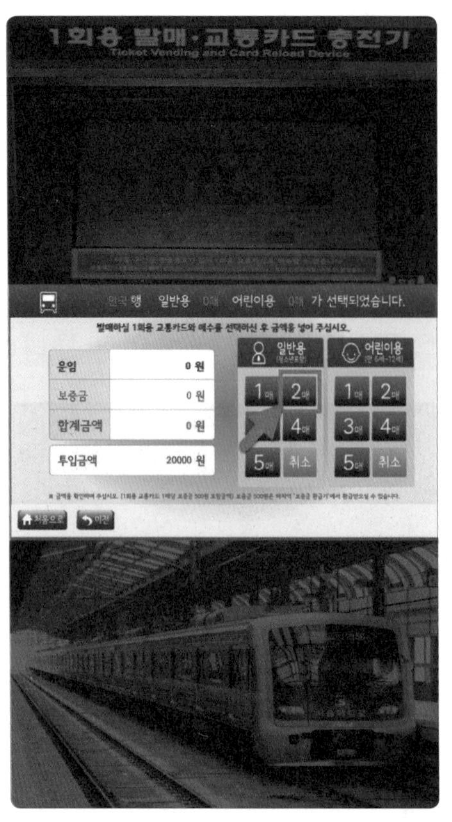

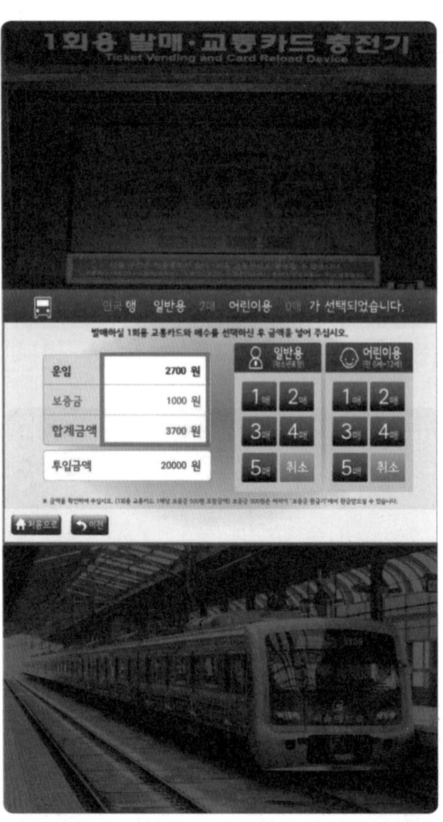

04 발매가 완료되면 보증금이 1,000원이 포함된 금액으로 발매가 되었으므로 도착한 후에는 보증금환급기에서 되돌려 받으면 됩니다.

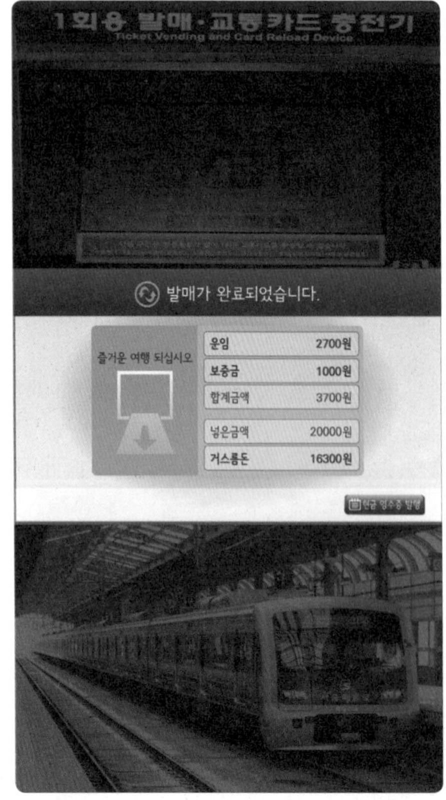

지하철 우대용 이용하기

01 키오스크 첫 화면에서 **지하철**을 누른 후 **우대용**을 선택합니다.

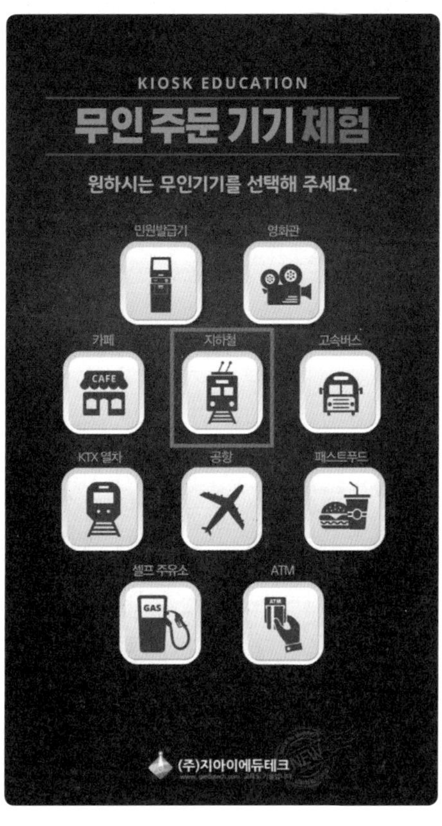

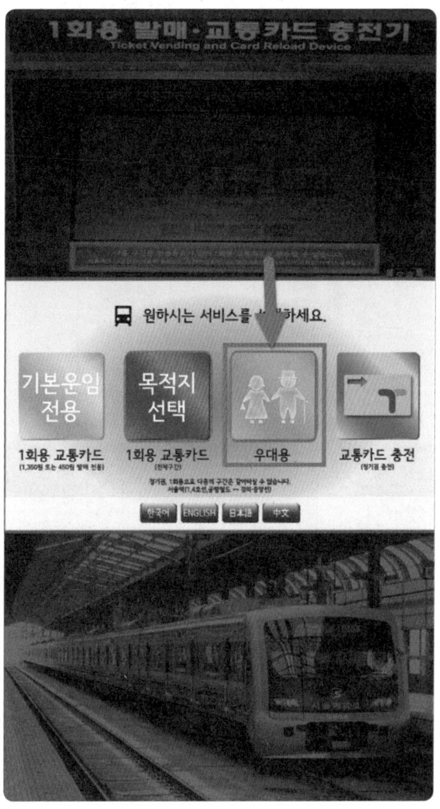

02 우대용이 선택되었다는 화면이 나온 후 곧 바로 신분증을 올려놓으라는 알림창이 나옵니다. 사진이 아래로 향하도록 올려놓아야 합니다.

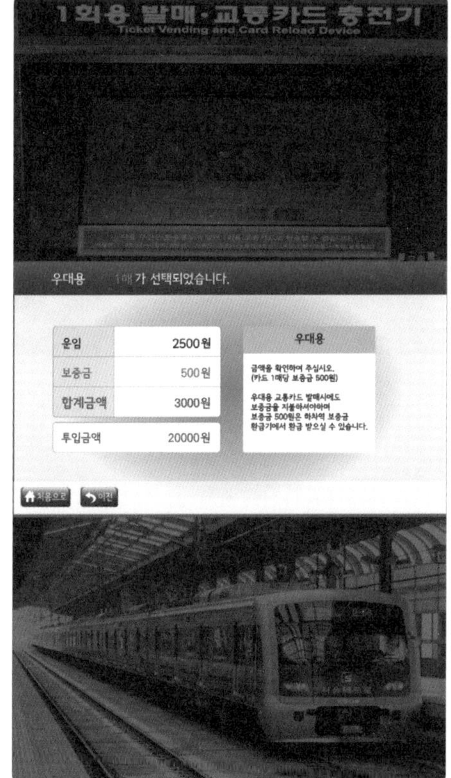

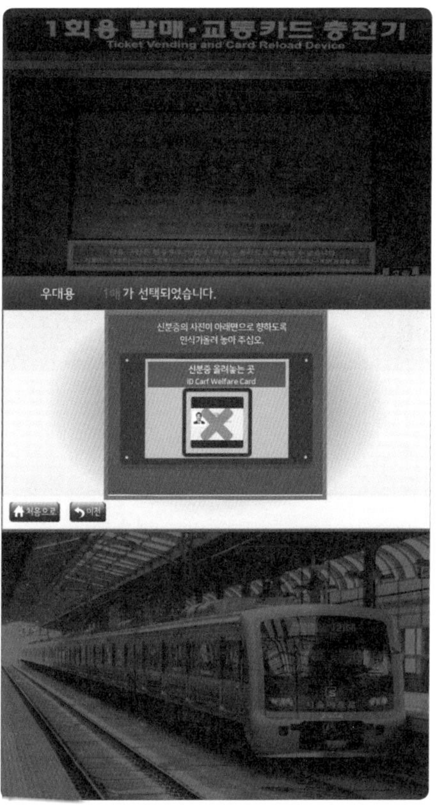

03 우대용 카드를 발급하기 위해 500원을 투입하면 노란 우대용카드가 발급되며 카드를 무인기기에서 꺼낸 후 신분증을 챙기면 됩니다.

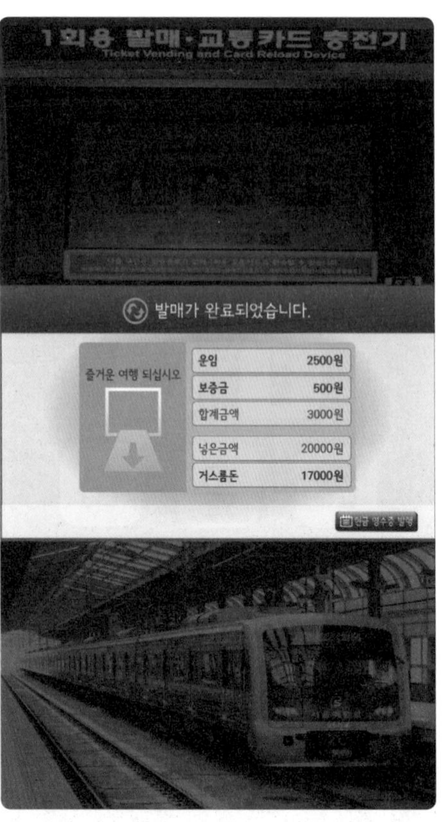

04 1회용 교통카드는 지하철에서만 사용할 수 있으며 이용한 후 보증금환급기에 1회용 교통카드를 넣은 후 보증금(500원)을 환급받으세요.

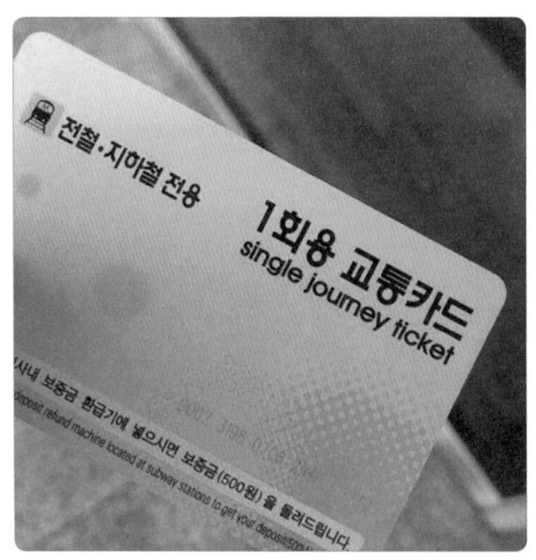

CHAPTER 04-3 카카오T 설치와 가입하기

01 Play 스토어에서 **카카오T**를 설치하고 실행한 후 권한 허용에서 **확인**을 누릅니다.

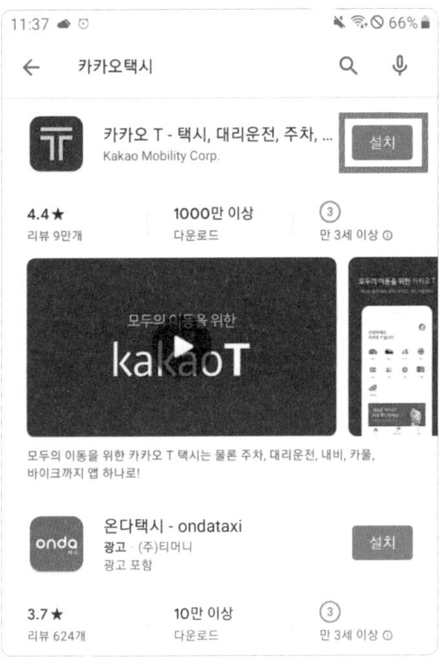

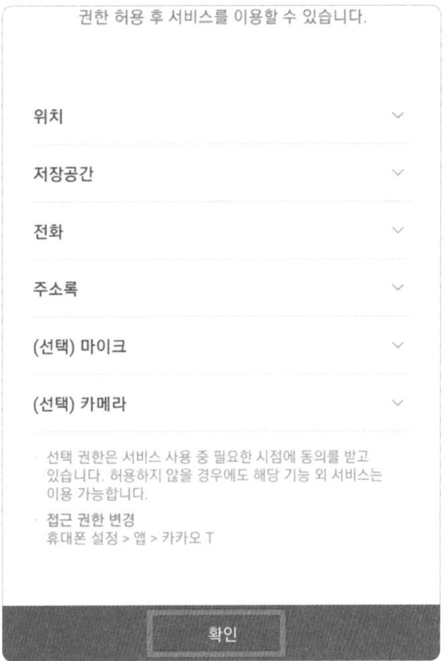

02 카카오톡을 사용중이므로 하단의 **카카오계정으로 시작하기**를 누르면 개인정보와 접근권한을 허용할 지 묻는 상자가 나옵니다. **전체 동의하기**를 체크한 후 **동의하고 계속하기**를 터치합니다.

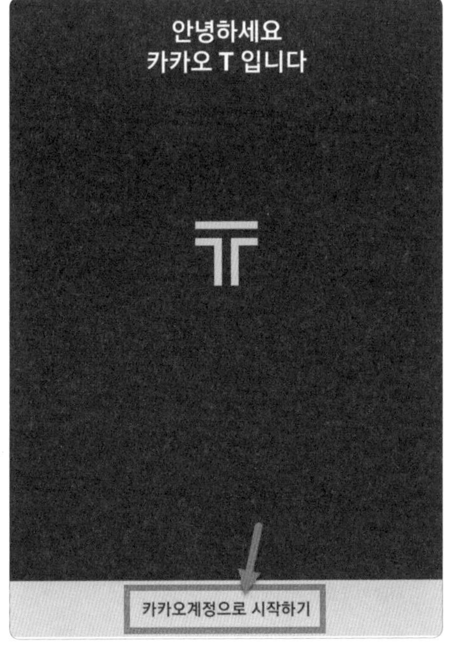

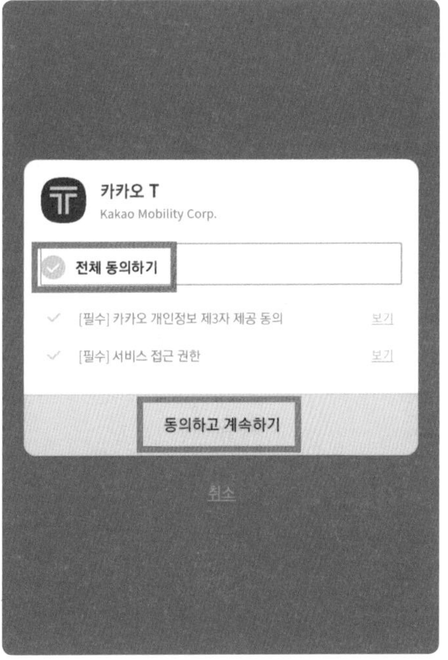

03 약관 동의를 모두 체크한 후 **다음**을 눌러서 휴대폰 번호를 눌러서 **보내기**를 누르면 인증번호가 자동으로 입력되며 **다음**을 터치해서 진행합니다.

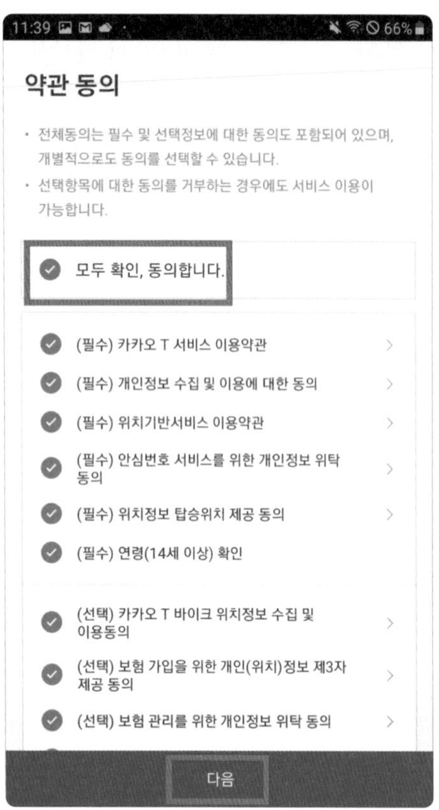

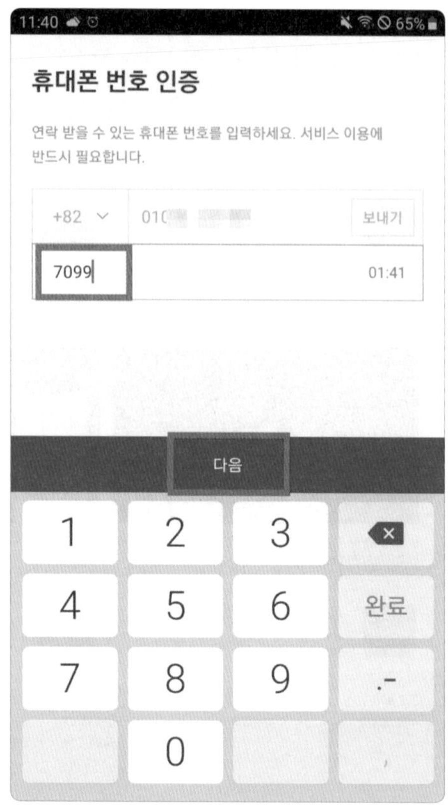

04 신용카드와 차량 정보를 입력하는 화면이 나오면 **나중에 하기**를 누르면 카카오T 첫 화면이 나타납니다.

01 카카오T 첫 화면에서 **택시**를 선택한 후 출발지는 현재위치가 표시되며 **도착지 검색**을 누릅니다.

02 도착지를 입력한 후 돋보기를 눌러서 검색한 후 출발지와 도착지가 맞으면 하단의 **택시 선택하기**를 누릅니다.

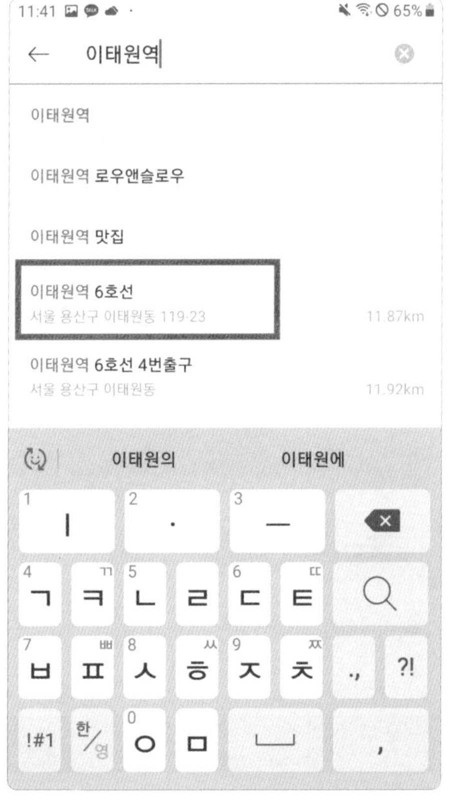

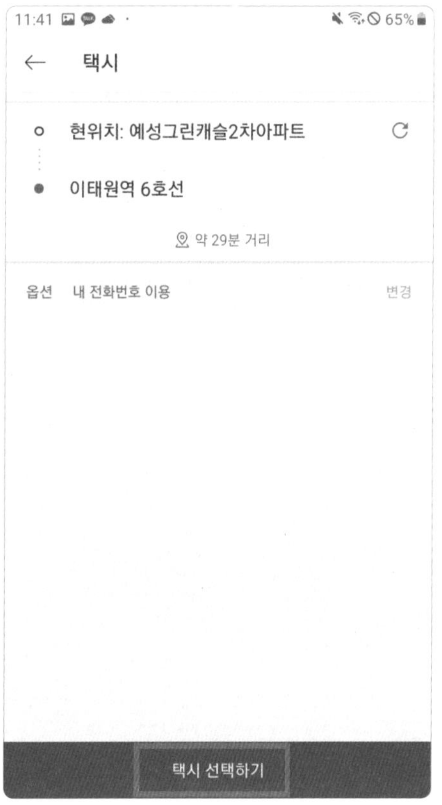

03 **일반호출**을 선택한 후 택시는 중형이 선택되어 있으므로 **결제 방법을 선택하세요**를 누릅니다.(스마트호출은 1,000원이 더 비싸게 호출합니다)

04 결제 방법은 **기사님께 직접결제**를 선택한 후 하단의 **택시 호출하기**를 터치합니다.(카드를 등록해두면 카드가 없어도 결제가 자동으로 이뤄집니다)

05 근처의 택시를 호출하는 중 배차가 되면 오른쪽 화면과 같이 택시기사와 차량번호가 보이며 택시위치와 내가 있는 위치가 표시됩니다.

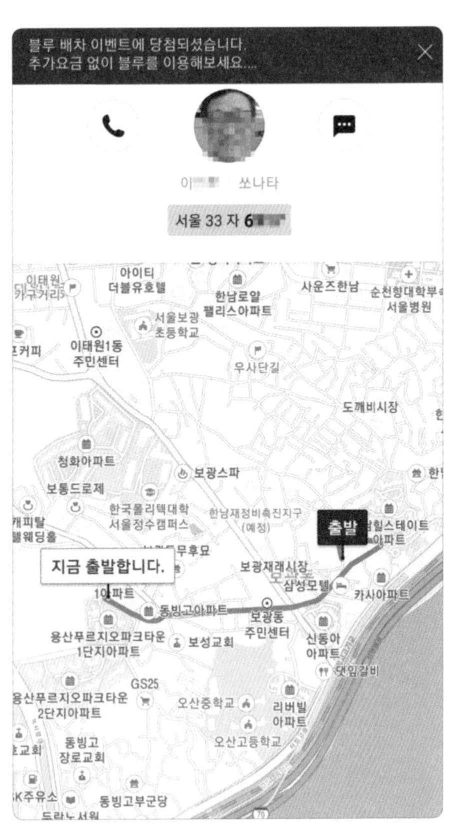

06 얼마 후 도착하는지 알려주며 기사와 통화도 가능하며, 호출을 취소할 수 있습니다. 주행중인 현재 위치가 나타나며 도착예정시간이 나타납니다.

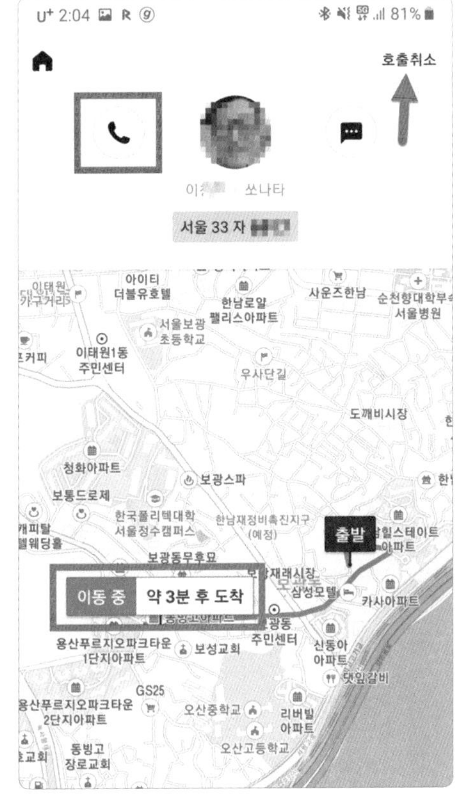

07 하차한 후 기사평점을 주는 것이 좋은데 터치해서 별점을 준 후 평가메시지를 쓴 후 **평가 보내기**를 누릅니다.

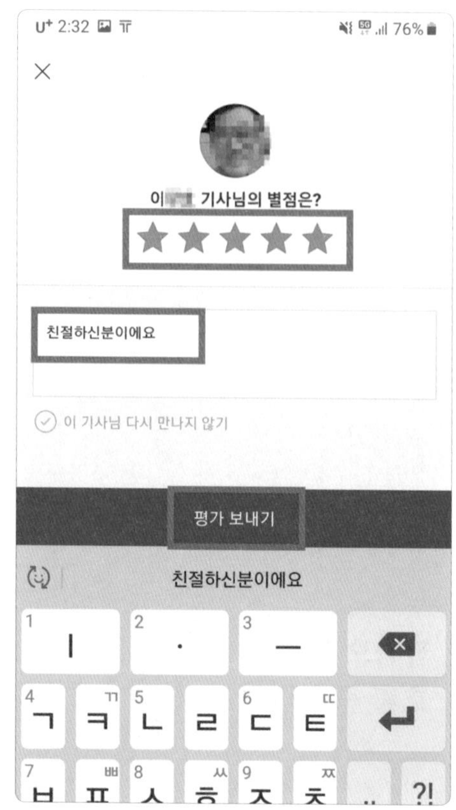

08 우측상단의 **계정아이콘**이나 하단의 **내 정보**를 누른 후 **이용 기록**을 누르면 카카오 택시를 이용한 그동안의 정보가 나타납니다.

네이버지도로 대중교통 이용하기

01 네이버지도를 실행한 후 좌측상단의 **메뉴 – 지하철노선도**를 차례로 선택합니다.

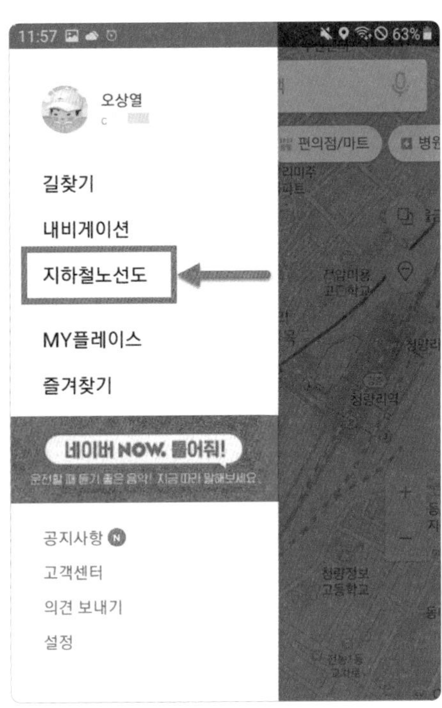

02 출발역은 **학여울역**을 입력한 후 도착역을 **문래역**으로 선택한 후 도착 버튼을 누르면 최소시간과 최소환승으로 구분되어 나오는데 우측하단의 **알림(종)버튼**을 터치하면 됩니다.

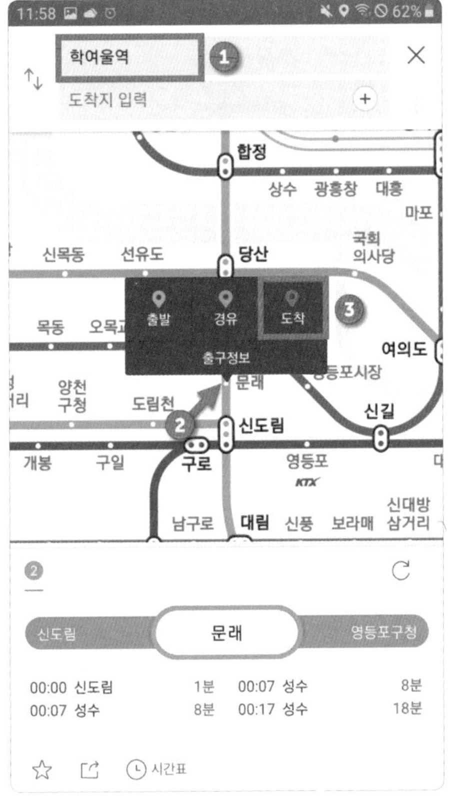

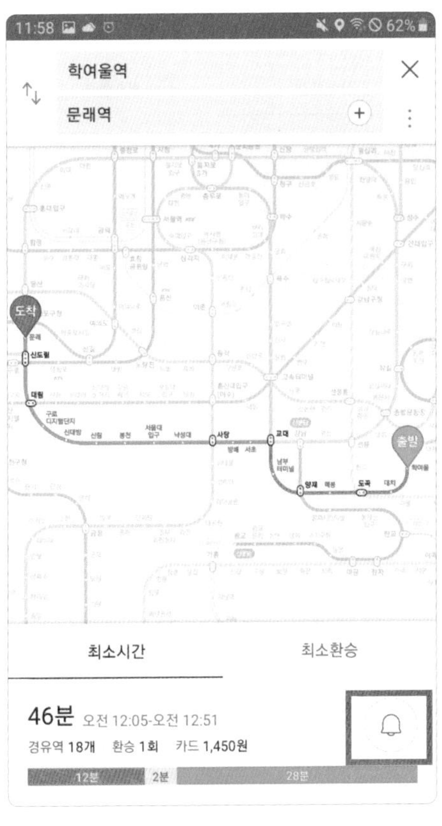

03 환승과 도착장소에 1분전에 알림이 울리도록 확인하고, 상세정보를 보기 위해 하단의 최소시간을 위로 드래그합니다.

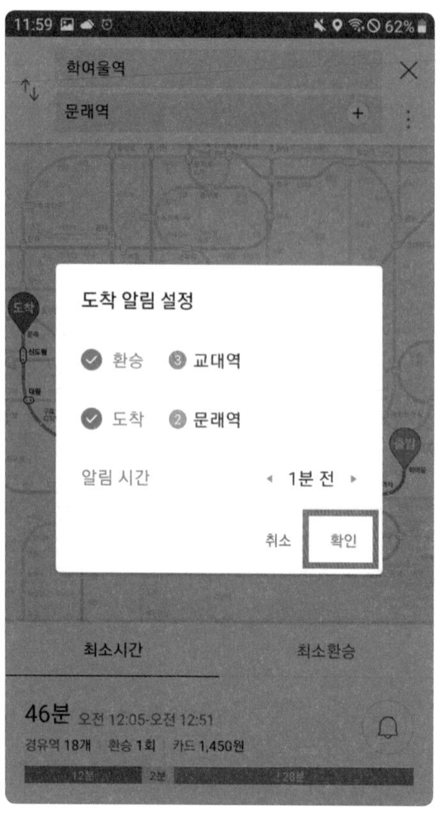

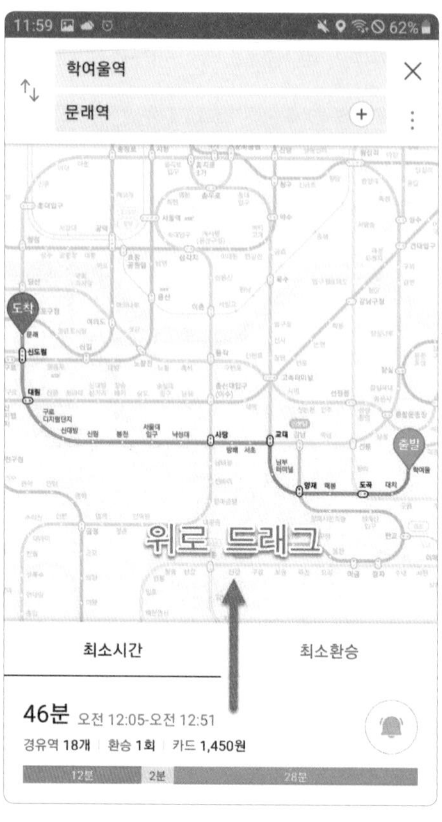

04 빠른 환승하려면 몇 번째 차량에서 내리는지 알 수 있으며 도착시간도 표시가 됩니다. 네이버지도 홈으로 이동한 후 **대중교통**을 누르도록 합니다.

05 **500번** 버스를 선택하면 버스정류소가 보이며 버스위치가 어디쯤에 있는지 알려주고 있습니다.

06 **신용산역**을 선택한 후 하단의 출발을 선택하고 도착은 **은평구청입구사거리**를 선택하면 버스번호가 나열되어 나옵니다.

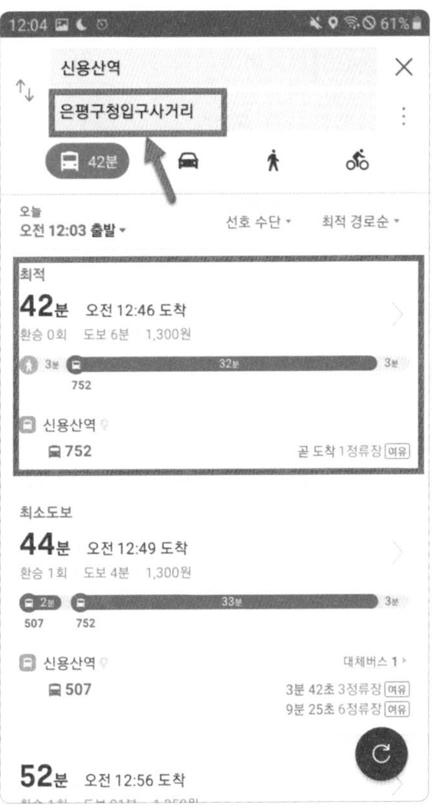

07 노선정보가 상세하게 나오며 걸리는 시간과 갈아탈 수 있는 정보도 나오게 됩니다. 네이버지도 홈 화면에서 상단 검색상자를 터치해서 **버스번호를 입력**합니다.

08 여기서는 **506번** 간선버스를 선택한 후 **관악우체국(양지병원)**을 선택해봅니다. 버스 아이콘이 있으면 현재 버스의 위치를 말하는 것입니다.

CHAPTER

05 고속버스 예매와 발권하기

CHAPTER 05-1 키오스크로 예매티켓 발권하기

01 키오스크 첫 화면에서 **고속버스**를 누른 후 **사전 예매 발권**을 선택합니다.

02 결제했던 카드를 삽입하면 예매티켓을 곧바로 발권할 수 있는데 카드를 소지하고 있지 않았을 때 **예매번호**를 눌러서 조회를 확인할 수 있습니다.

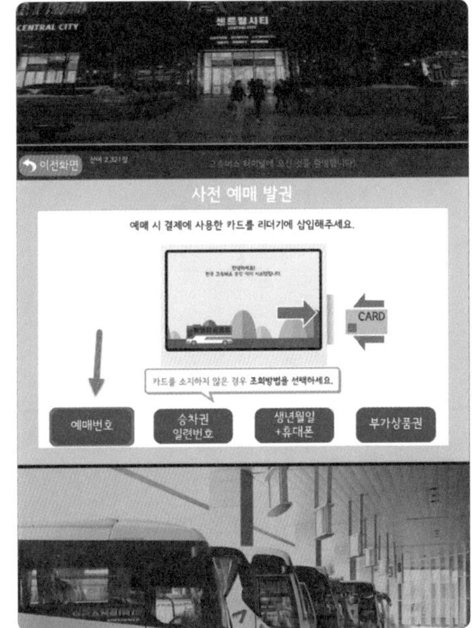

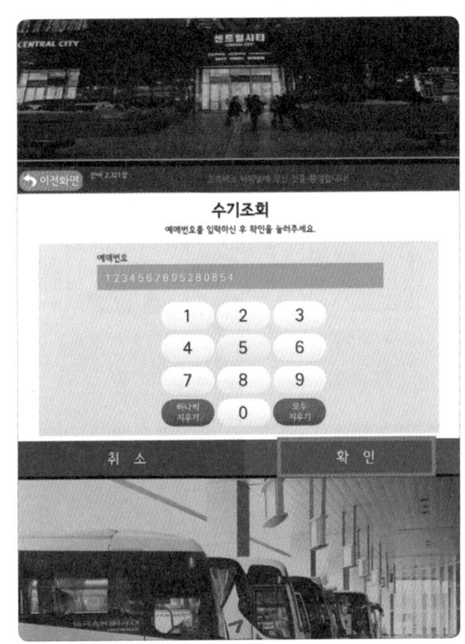

03 발권이 완료되면 티켓을 뽑은 후 확인을 누르면 키오스크 첫 화면이 나오게 됩니다.

CHAPTER 05-2 키오스크로 현장 발권하기

01 키오스크에서 **현장 발권**을 터치한 후 도착지를 선택합니다. 출발지는 키오스크가 설치되어있는 장소로 설정되어 있으므로 도착지만 정하면 됩니다.

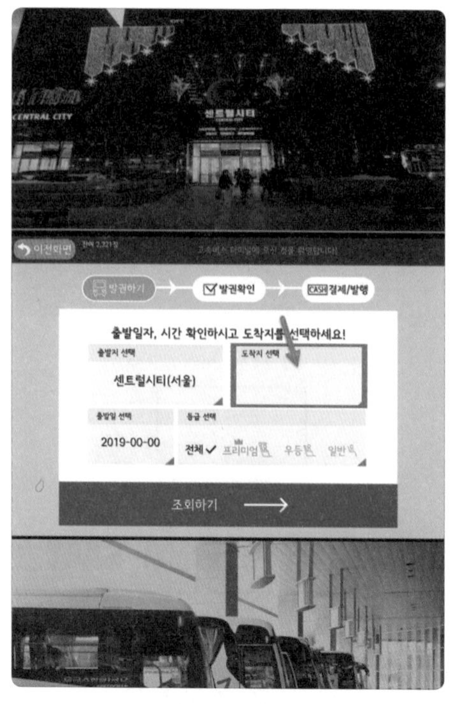

02 도착지는 호남선만 나오는데 출발지가 센트럴시티(서울)이라서 그렇습니다. 여기서는 **군산**을 선택한 후 **출발시간을 선택**합니다.

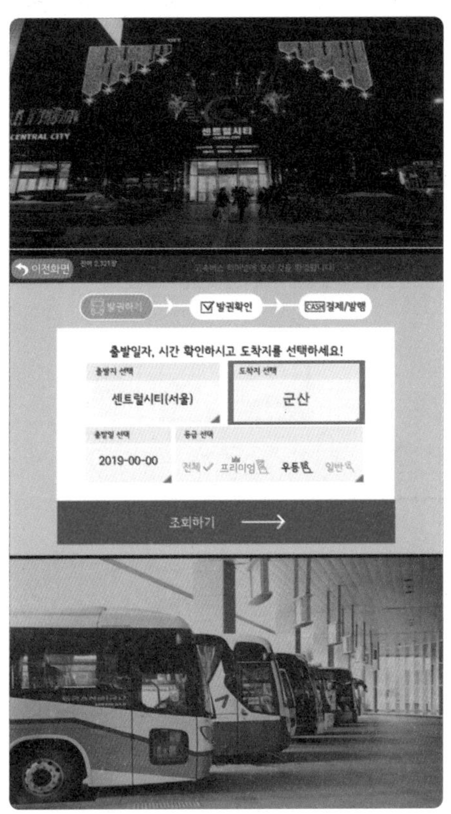

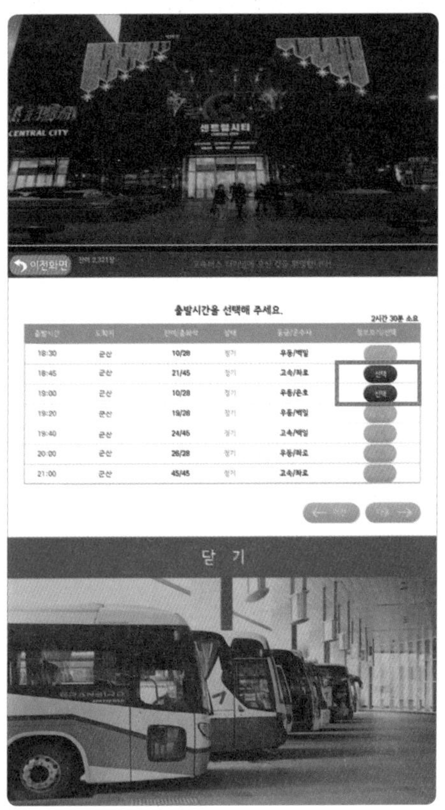

03 승차할 성인수와 초등생 숫자를 +, −를 눌러서 선택한 후 좌석을 선택합니다.

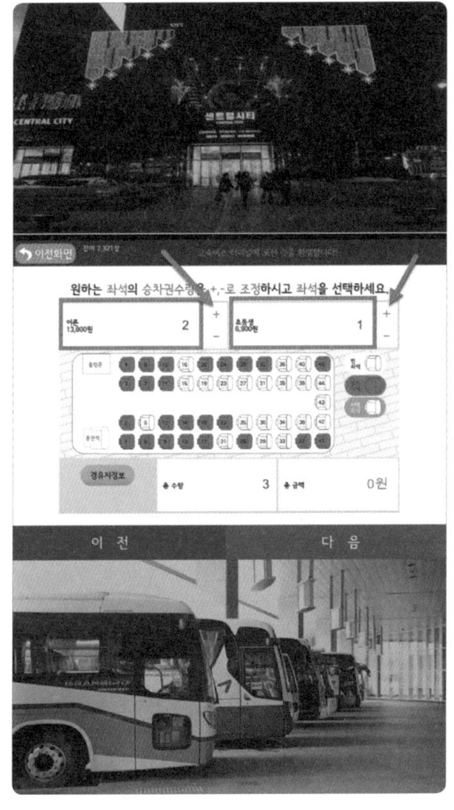

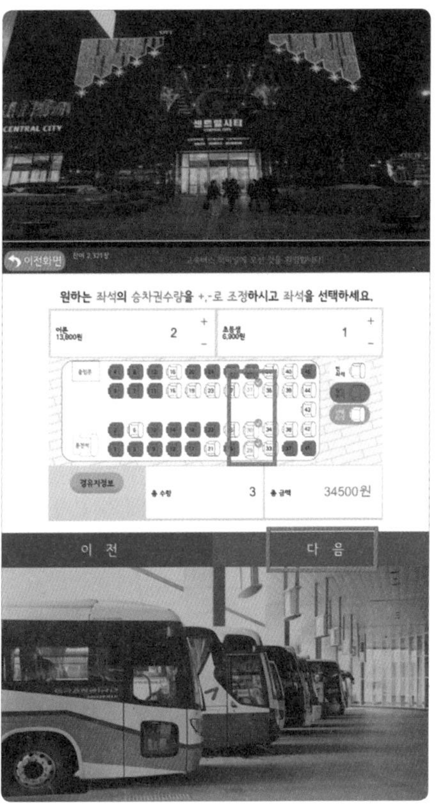

04 승차권 내역을 확인한 후 **카드결제**를 선택하고 카드를 리더기에 삽입합니다.

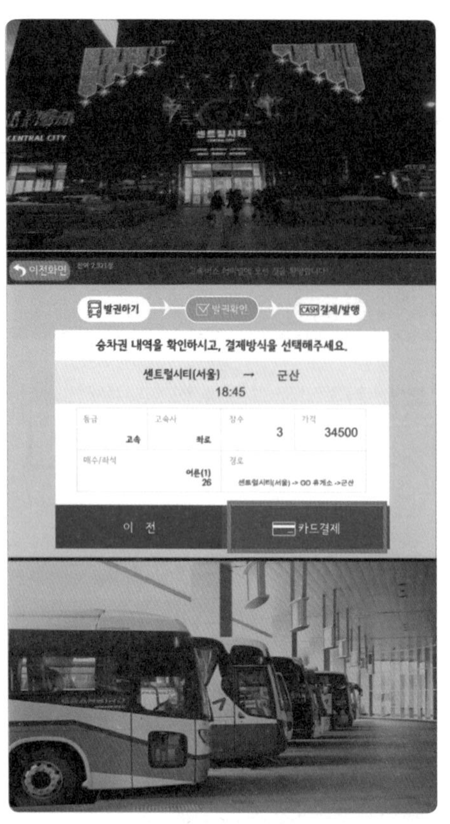

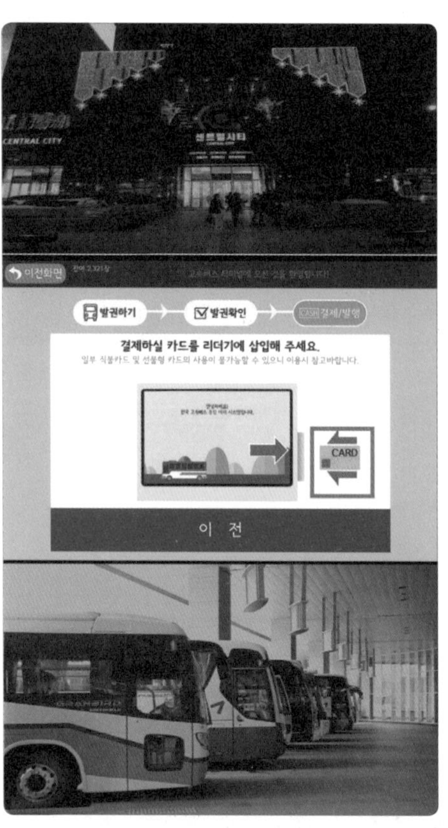

05 결제가 끝나면 QR코드가 인쇄된 티켓이 발권되며, 확인을 누르면 키오스크 첫 화면이 나오게 됩니다.

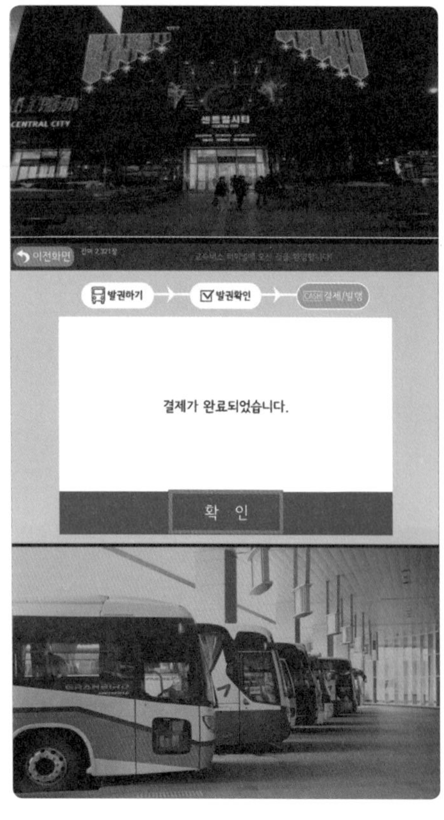

01 Play 스토어에서 고속버스앱을 설치한 후 실행하면 권한 허용안내가 나옵니다.

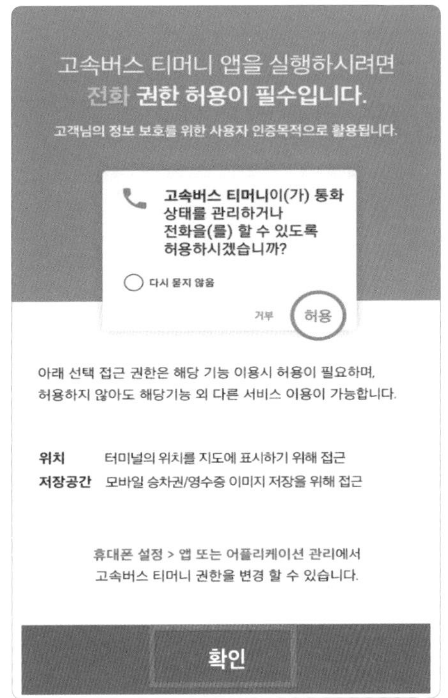

02 관리권한을 묻는 상자에서 **허용**을 누르고 안내창이 나오면 **다시 보지 않기**를 선택하면 매번 닫기를 누르지 않아도 됩니다.

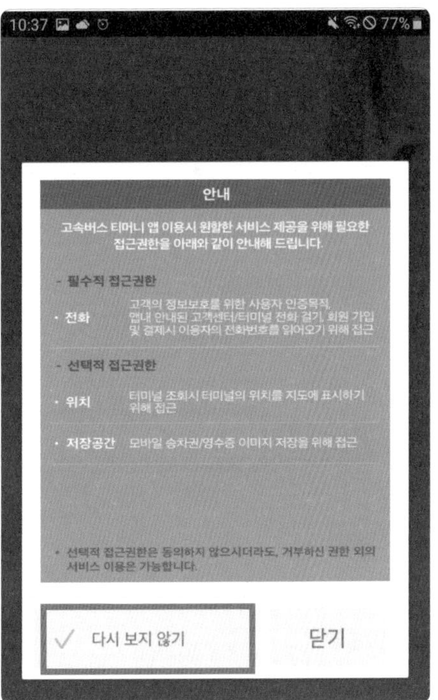

03 **고속버스 예매**를 터치한 후 편도에서 **출발지**를 눌러서 출발할 곳을 선택합니다.

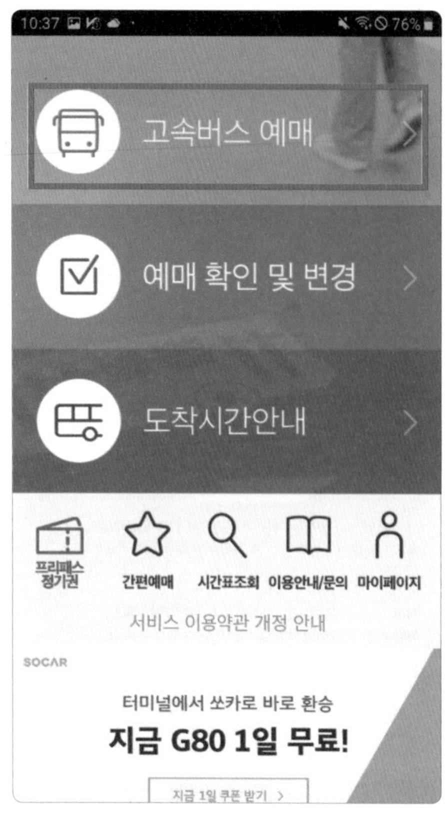

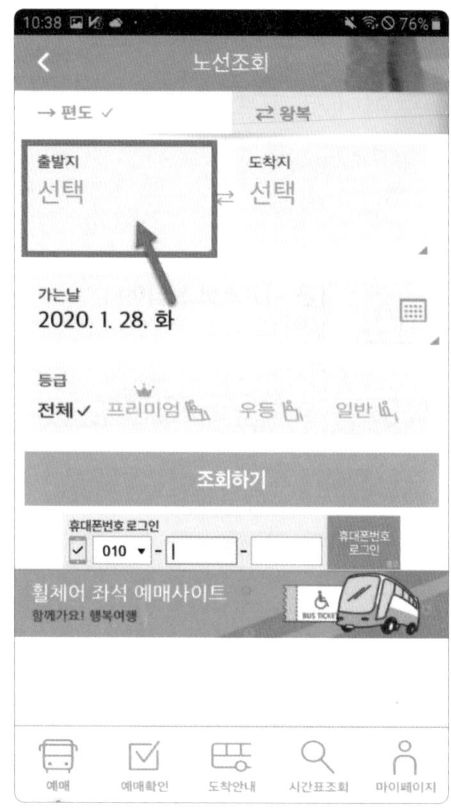

04 출발장소를 **서울경부**를 선택하면 자동으로 도착지 화면이 나오게 됩니다. 여기서 **세종시**를 선택하도록 하겠습니다.(경부선이기 때문에 전북, 전남 지역은 나오지 않습니다)

05 가는날 버튼을 눌러서 **출발 날짜**를 선택합니다.(할인표시된 날짜는 시외노선, 우등버스를 48시간 이전에 예매할 경우 할인 혜택을 받을 수 있습니다.)

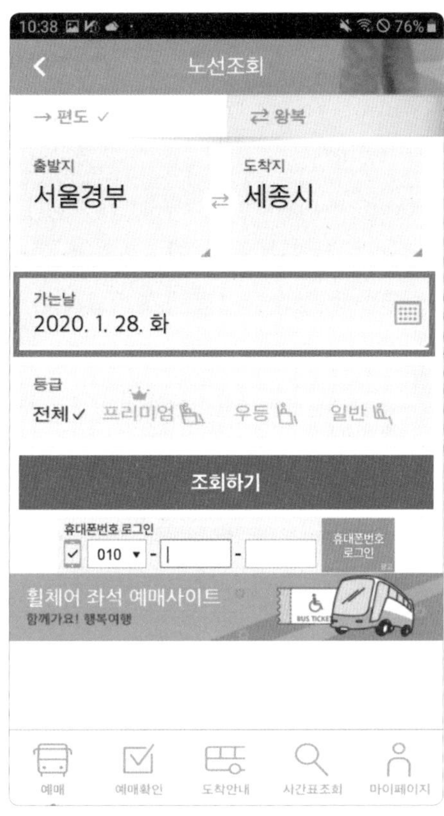

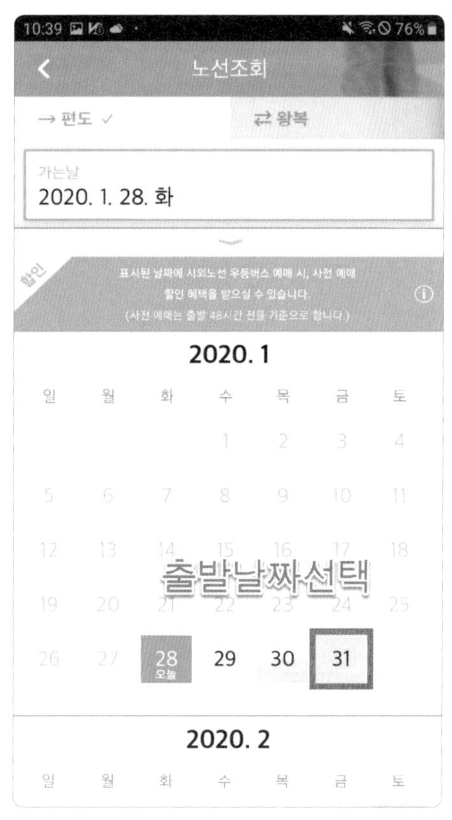

06 등급은 전체로 선택되어 있는데 옆에 있는 **프리미엄**을 선택하면 우등과 일반은 조회하지 않게 됩니다. 해당 노선에 따라 알림사항이 나오기도 하므로 잘 읽어보기 바랍니다.

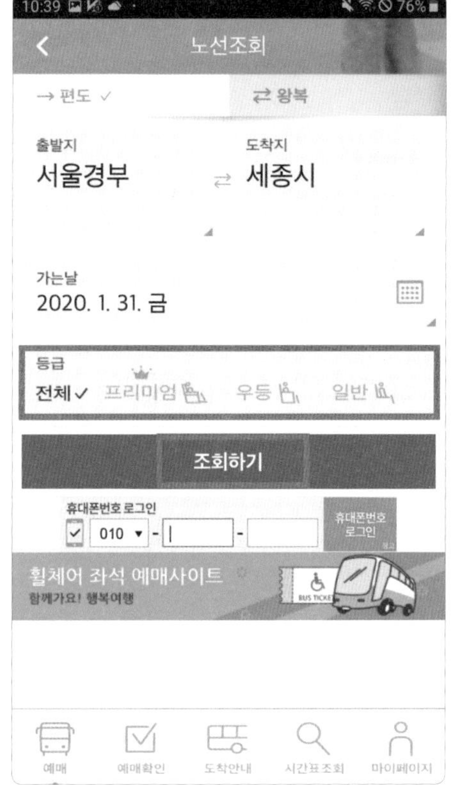

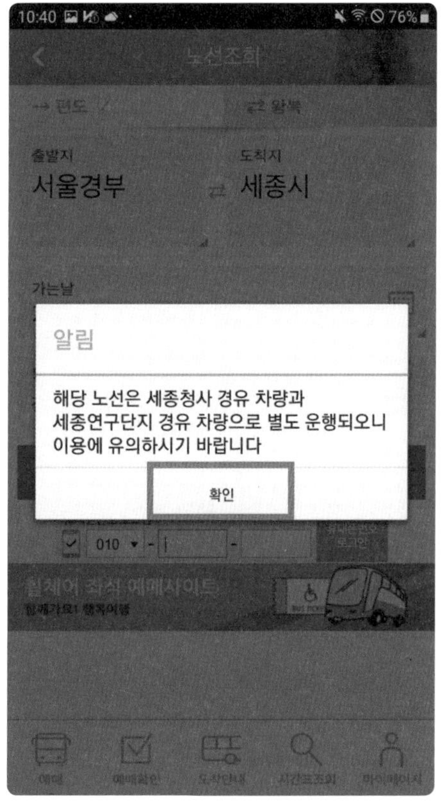

07 배차조회 화면에서 **출발시간**과 **잔여석**을 확인한 후 차량을 선택하면 할인적용된 요금을 운영중인지도 알려주는 상자가 나올 때는 **확인**을 누릅니다.

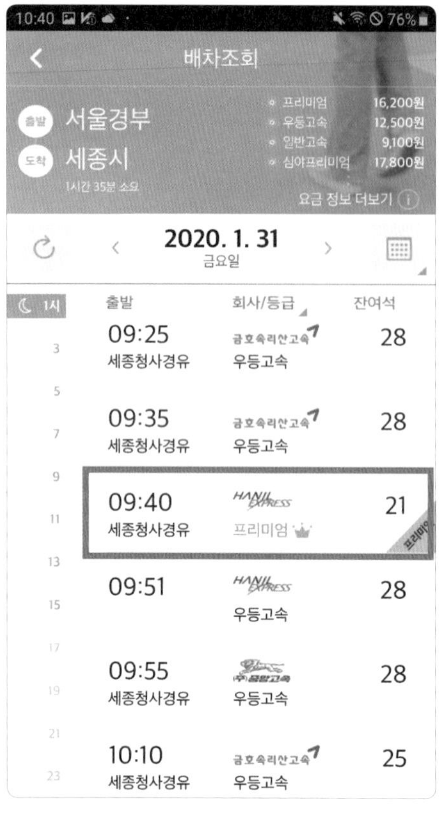

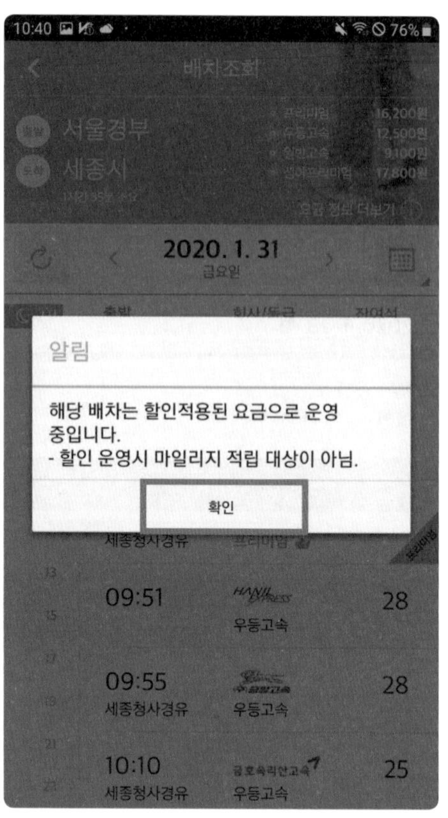

08 로그인 화면이 나오면 상단에 **비회원**을 선택한 후 오른쪽 비회원화면이 나오게 됩니다. 여기서 **비회원으로 예매하기**를 누릅니다.(휴대폰번호와 비밀번호는 고속버스 회원일 경우만 입력합니다.)

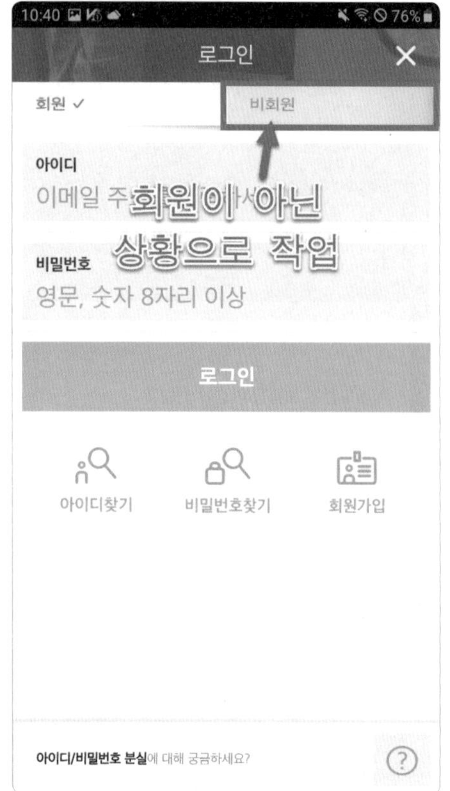

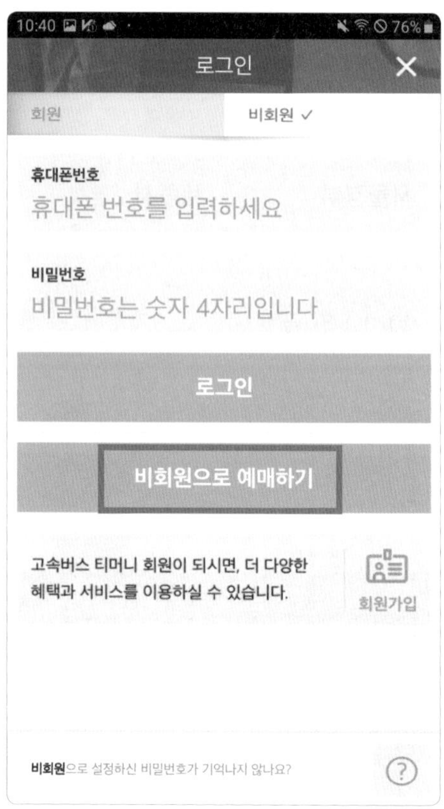

09 휴대폰번호를 입력한 후 구매확인용 비밀번호를 동일하게 2회에 걸쳐 입력한 후 확인을 누릅니다. 오른쪽 화면은 동일한 휴대폰 번호로 예매 취소를 했었을 때 나오게 되는 알림창입니다.

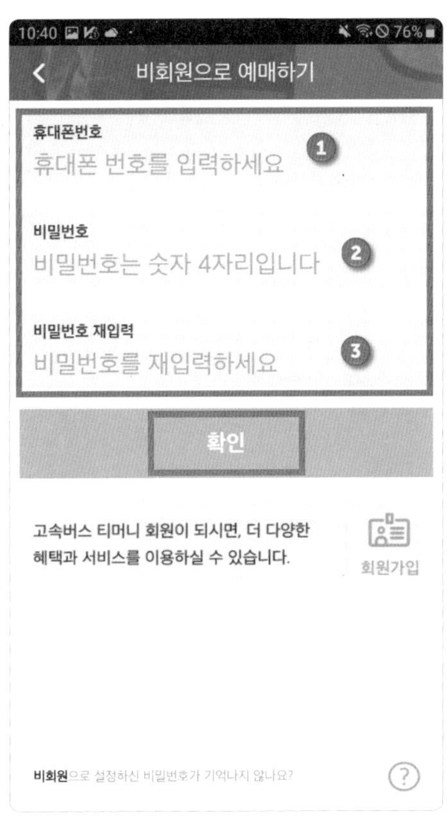

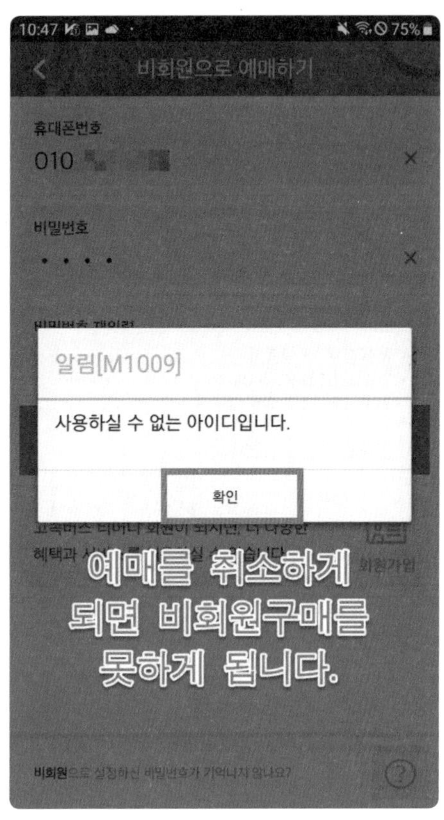

10 좌석을 선택하면 매수가 자동으로 올라가는데 일반인 요금으로 계산되므로 상단에 초등생이면 선택한 후 좌석을 선택합니다.

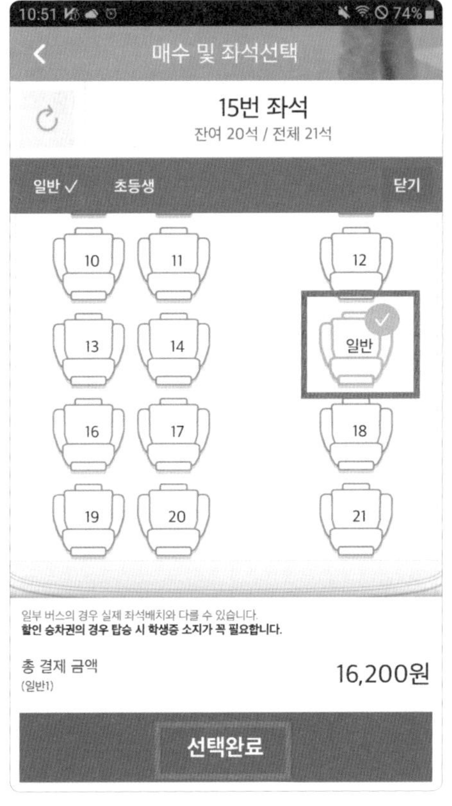

11 신용/체크카드 결재를 진행하면 노선을 다시 한번 확인 후 결제를 진행합니다. 칸에 맞도록 입력한 후 동의사항도 체크한 후 **동의/결제** 버튼을 누릅니다.

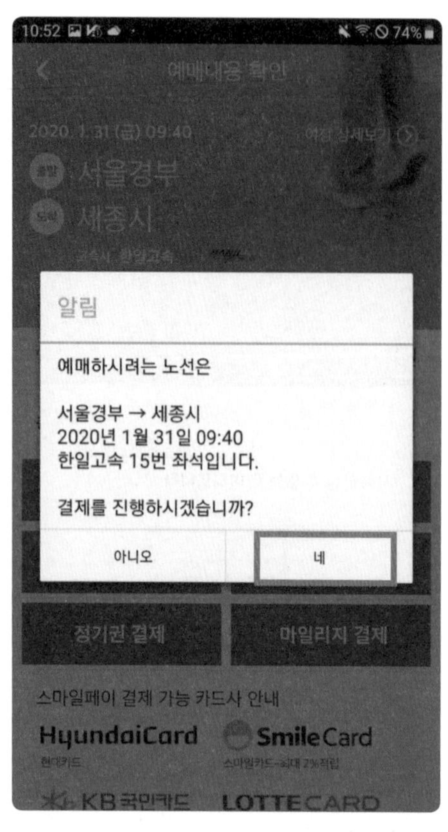

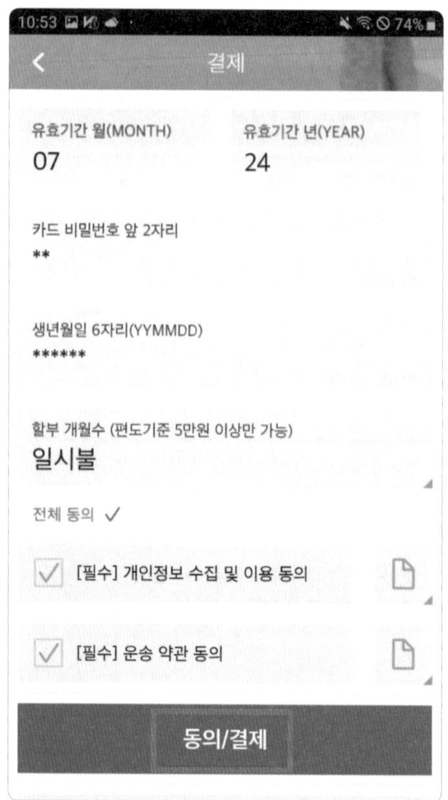

12 결제가 완료되었다는 화면이 나오면 확인을 터치합니다. 고속버스 앱의 첫 화면이 나오며 예매 확인 및 변경에 숫자 ❶건이 표시되어 있습니다.

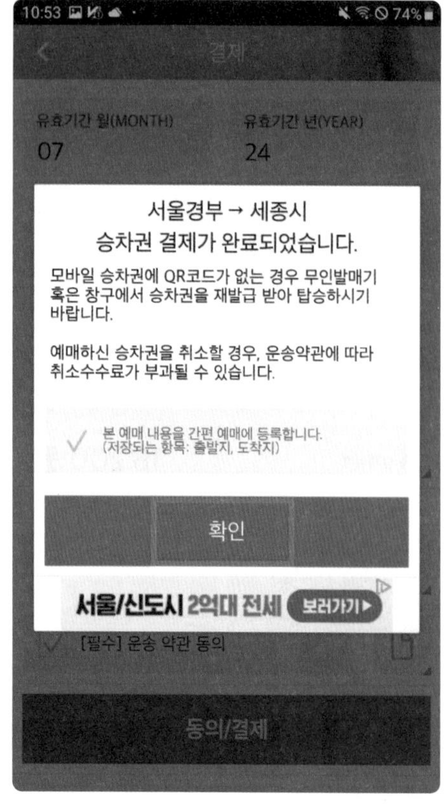

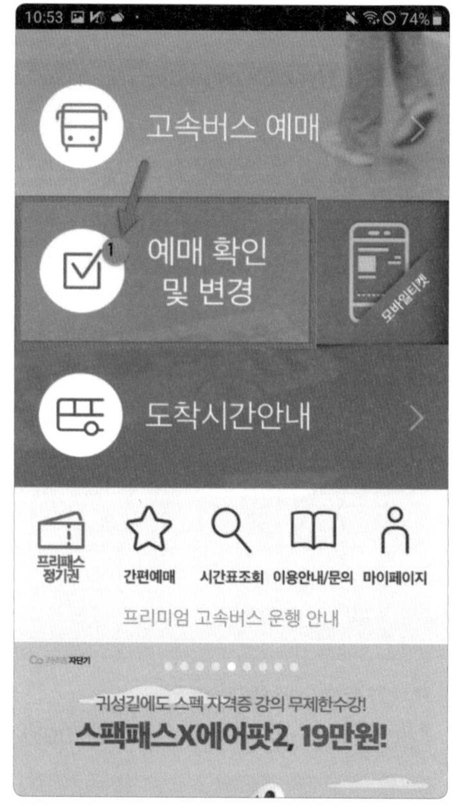

CHAPTER **05-4** 승차권 확인하기

01 고속버스 앱의 첫 화면에서 **예매 확인 및 변경**을 누르면 예매내용이 나옵니다.

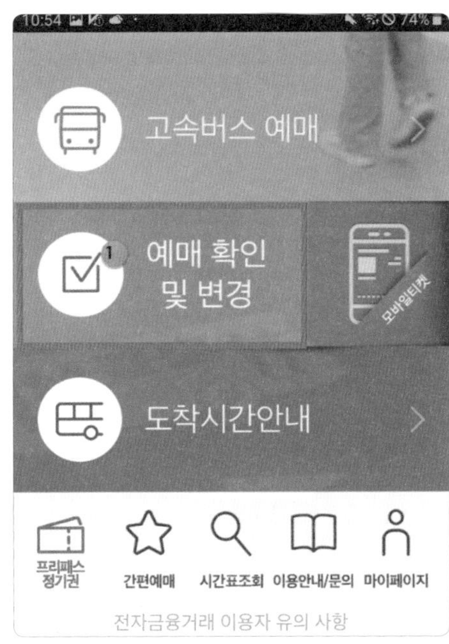

02 예매내용을 확인할 수 있으며 여기서 **모바일티켓**을 누르면 발권할 필요없이 QR코드를 인식할 수 있다는 안내가 나옵니다. **다시 보지 않기**를 눌러서 닫아줍니다. 편리한 기능이지만 인터넷 연결이 안 되거나 스마트폰을 두고 왔을 때, 그리고 누군가 예매를 해준 것이라면 이 기능을 사용할 수 없습니다.

03 배터리를 절약하기 위해 화면밝기를 어둡게 조정한 경우 아래와 같이 밝기를 조절하란 알림이 나오는데 인식이 안될 때는 밝기를 조절한 후 QR코드 인식합니다. 우측 상단의 **승차권 저장**을 눌러서 갤러리에 보관한 후 카카오톡이나 문자로 전송해 줄 수 있습니다.

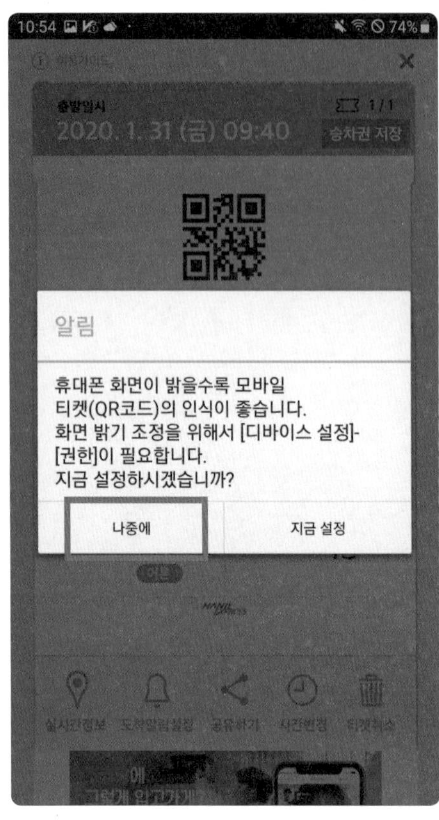

04 저장권한을 허용해준 후 갤러리에서 확인할 수 있다는 알림을 확인합니다.

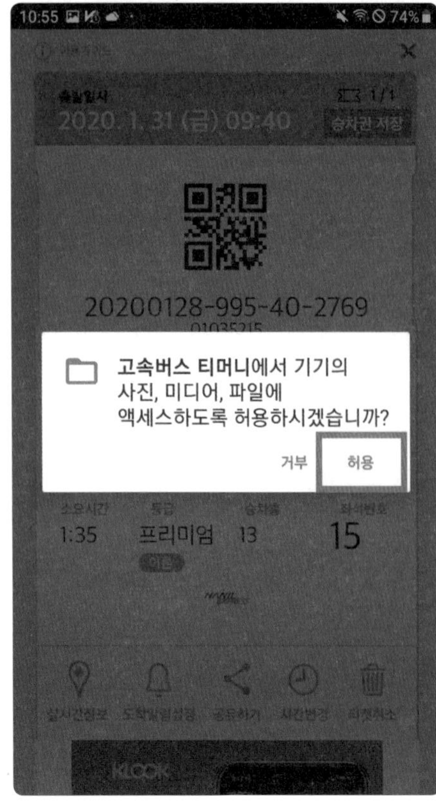

CHAPTER 05-5 예매티켓 취소하기

01 고속버스 앱의 첫 화면에서 **예매 확인 및 변경** 버튼을 누른 후 예매한 내역을 누릅니다.

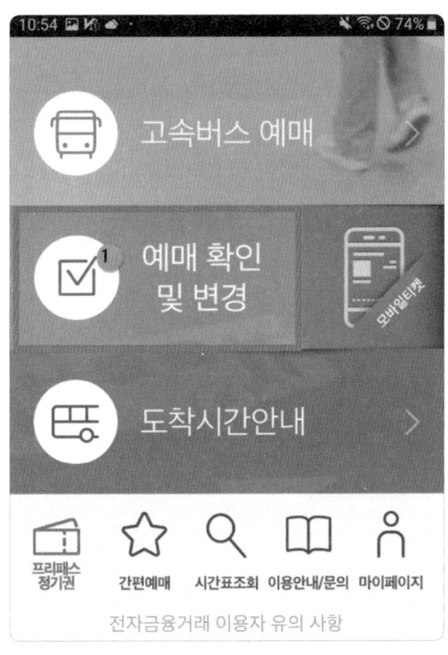

02 예매상세내역의 하단의 **예매취소** 버튼을 누른 후 예매취소 화면에서 아래에 있는 **확인**을 누릅니다. 이때 비회원으로 예매를 했기 때문에 앞으로 예매했던 휴대폰으로는 비회원예매를 할 수 없게 됩니다.

03 예상되는 취소 수수료가 없다고 나왔지만 변경될 수 있다는 메시지가 나옵니다. 여기서 **예매취소**를 누르면 완전 취소가 되며, 취소가 되었다는 메시지가 나오면 **확인**을 누릅니다.

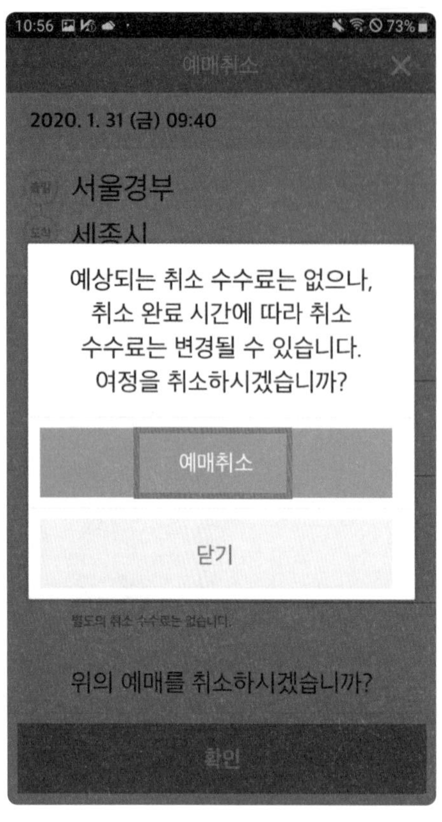

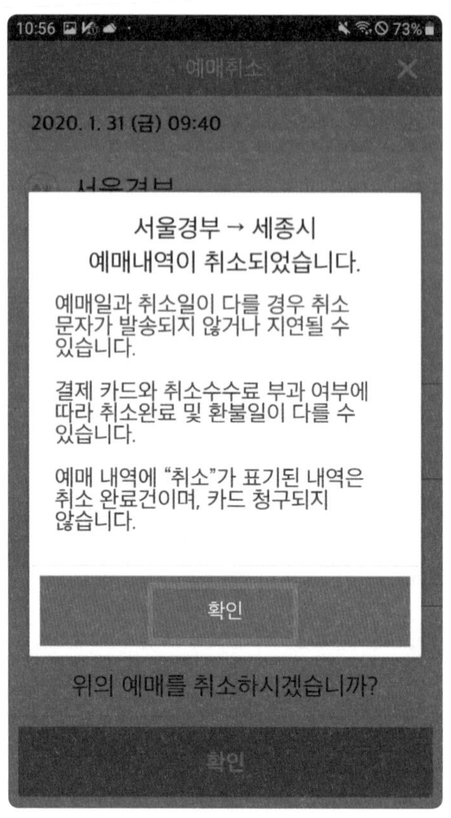

04 고속버스 앱의 첫 화면에 예매 확인 및 변경에 건수가 사라진 것을 확인할 수 있습니다. 예약부도율이 12%라서 비회원예매를 못하게 되는 것입니다.

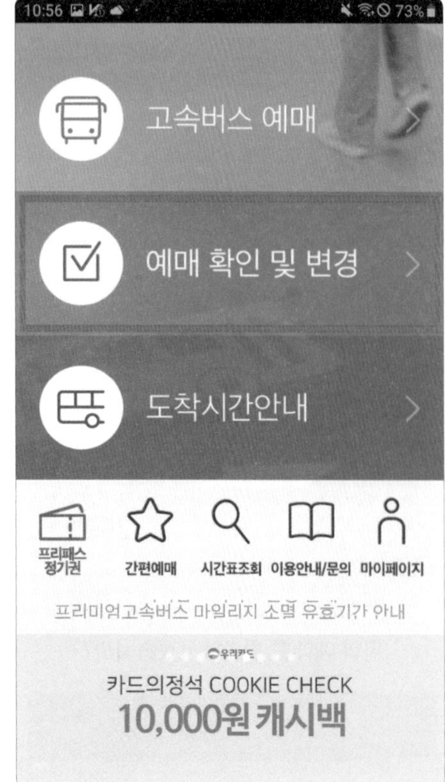

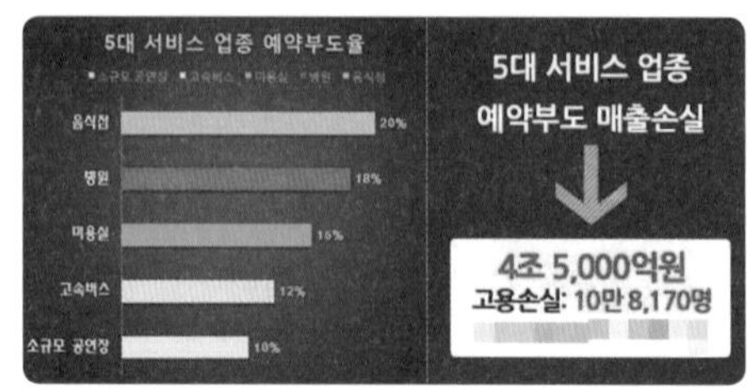

고속버스 키오스크 혼자 해보기

01 군산에서 고종사촌 아들이 결혼을 한다고 해서 고속버스터미널에서 군산으로 3명이 창가에 2명, 복도에 1명을 우등고속으로 발권해 보세요.

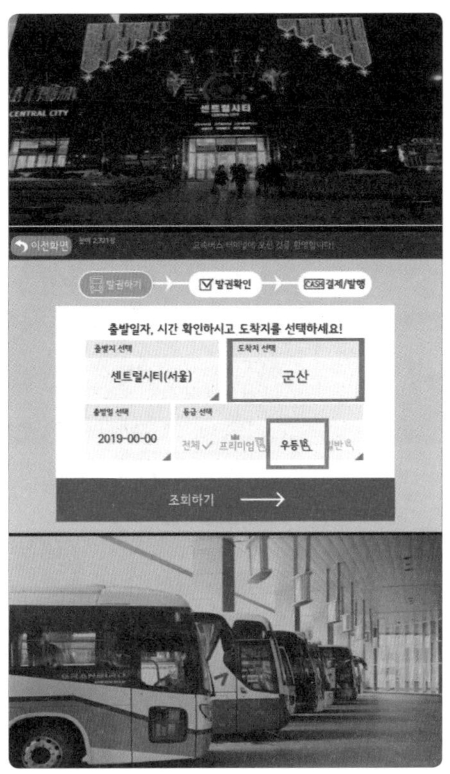

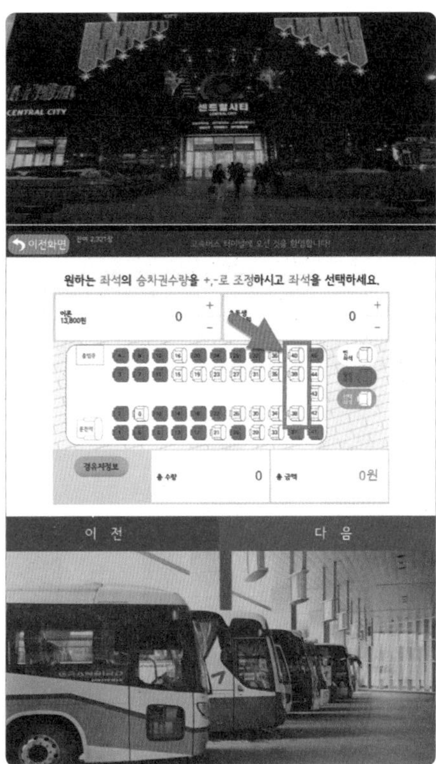

02 나와 초등학생 2명이 프리미엄 고속버스로 광주를 가고자 합니다. 가장 뒷자리로 예매해보세요.

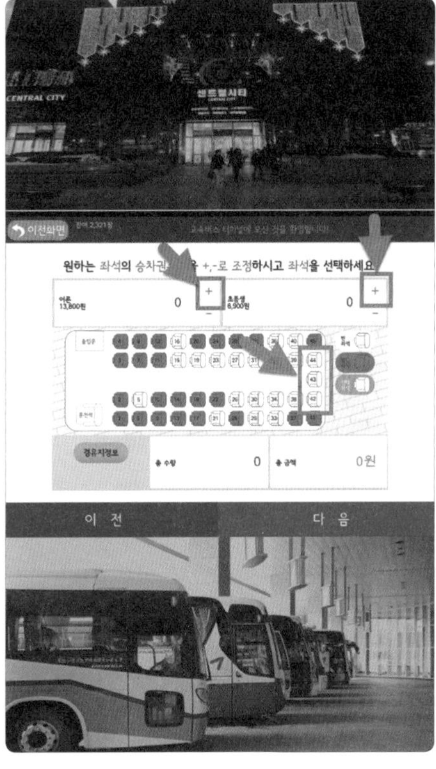

CHAPTER 06 KTX 예매/키오스크 발권하기

CHAPTER 06-1 키오스크를 이용한 현장 발권하기

01 키오스크 아이콘을 실행한 후 **KTX열차**를 누른 후 **승차권 예매**를 누릅니다.

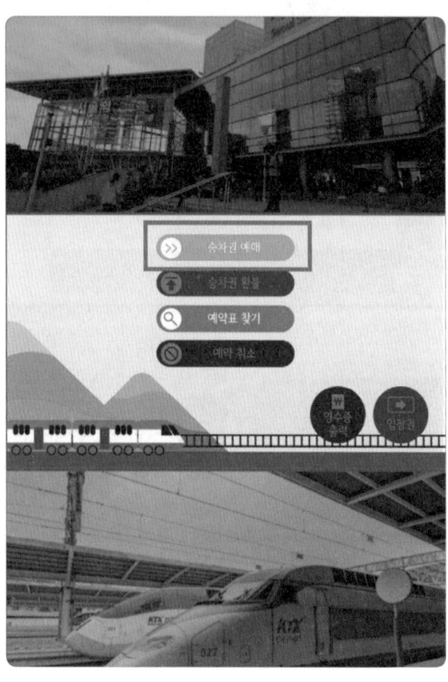

02 **도착지 – 열차 조회하기**를 눌러서 출발시간에 맞는 차실을 선택합니다.

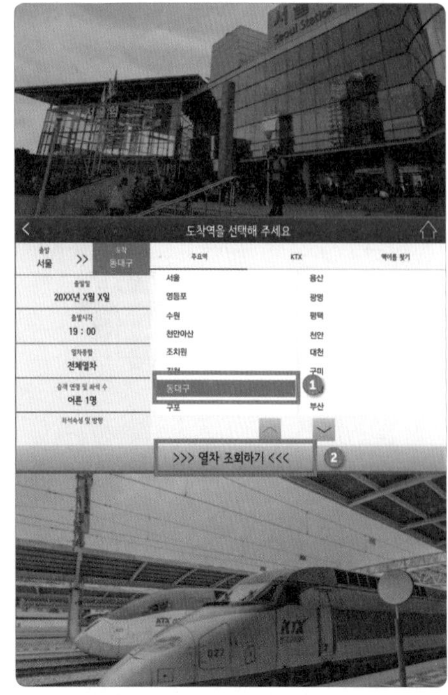

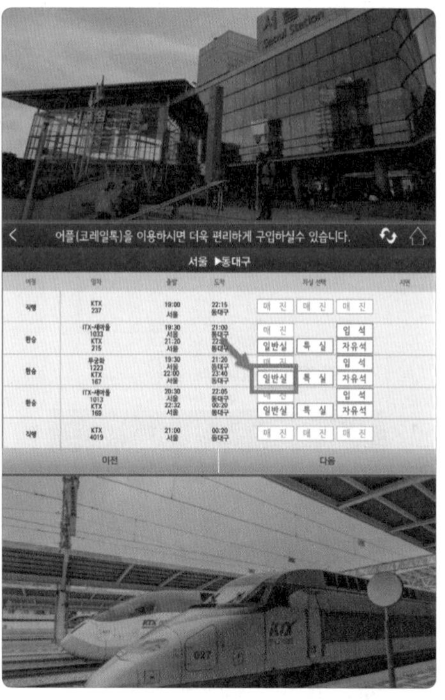

03 발권할 정보를 확인한 후 맞으면 **신용카드**로 결제방법을 선택한 후 카드를 삽입하고 **결제하기**를 누릅니다.

04 발권이 완료된 후 승차권을 수령하면 첫 화면으로 되돌아 갑니다.

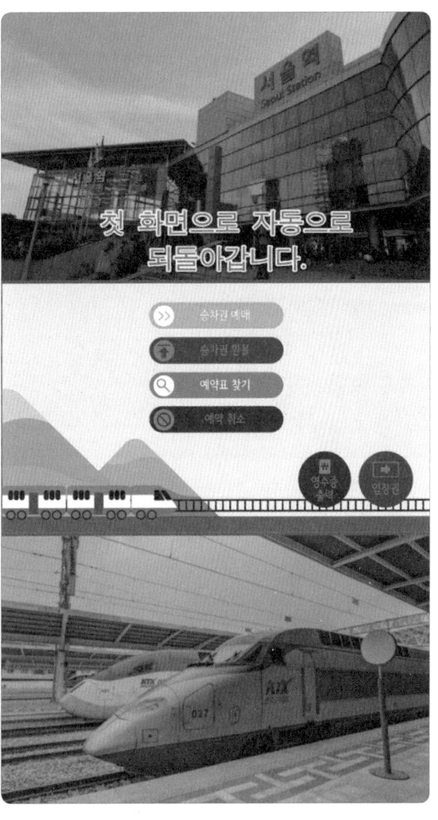

KTX 예매/키오스크 발권하기

01 스마트폰으로 예매했으면 키오스크에서 발권할 수 있는데 **예약표 찾기**를 누른 후 코레일 **회원번호**와 **비밀번호**를 입력합니다.

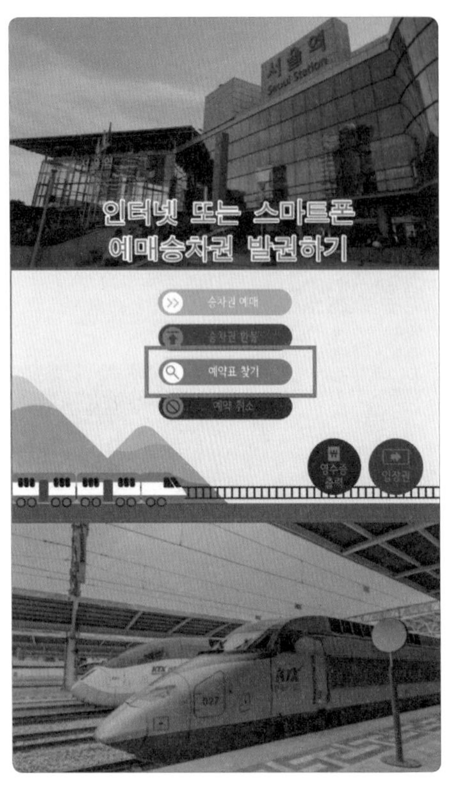

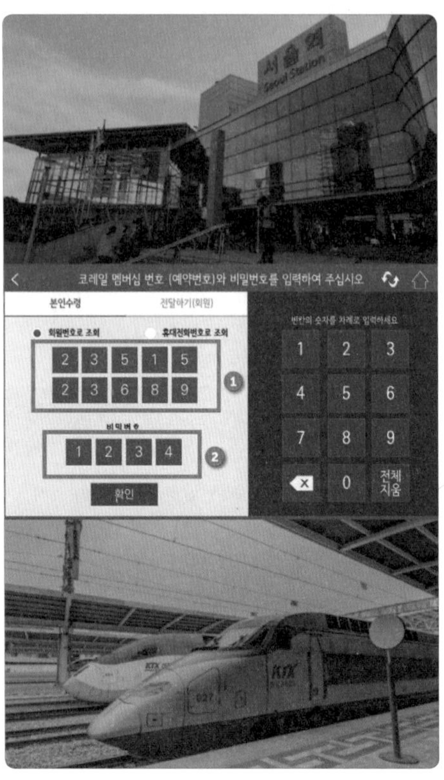

02 예약정보를 확인 후 **발권하기**를 누릅니다. 회원번호를 모를 경우 휴대폰번호로 조회할 수도 있습니다.

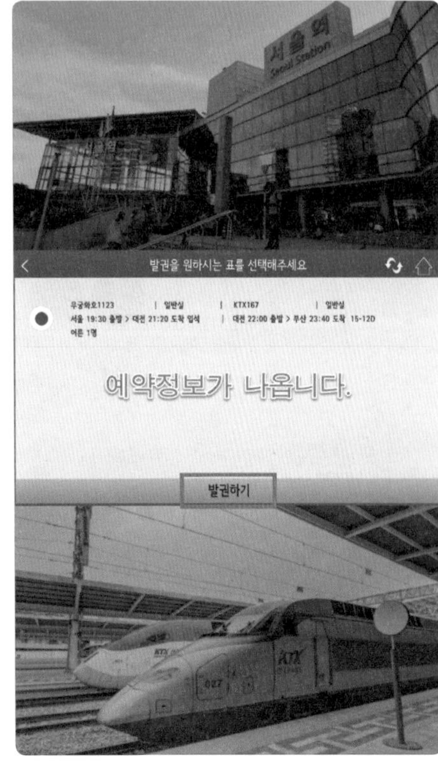

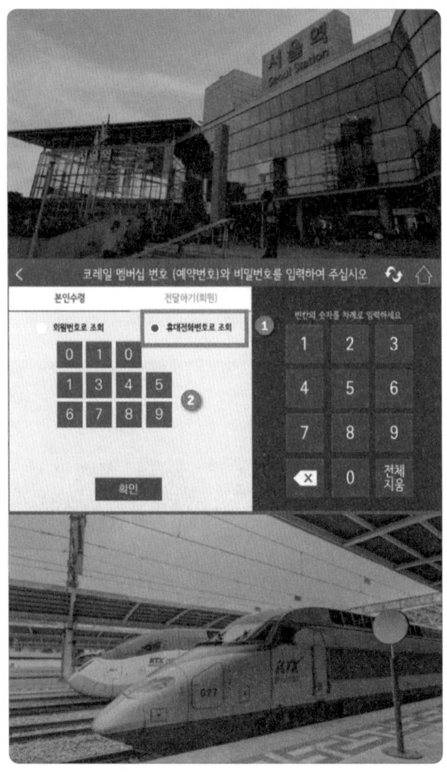

CHAPTER 06-3 코레일톡 예매하기

01 Play 스토어에서 **코레일톡**을 설치 후 실행하면 처음에 접근권한을 물어보는데 **네**를 누릅니다. 허용할 지 3회 정도를 물어보게 되는데 무조건 **허용**을 누릅니다.

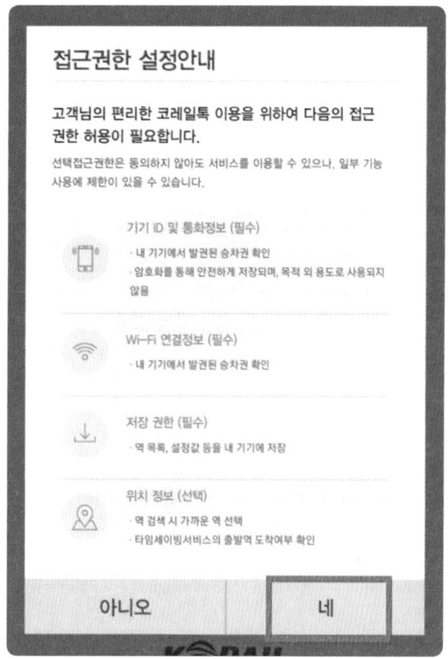

02 도착지를 터치한 후 원하는 지역으로 변경합니다. 여기에서는 **서대전**으로 변경합니다.

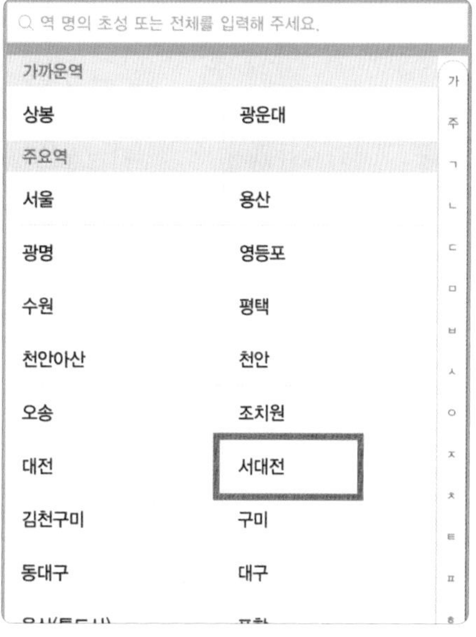

03 출발일을 터치해서 예약날짜와 시간을 선택한 후 **열차 조회하기**를 터치합니다.

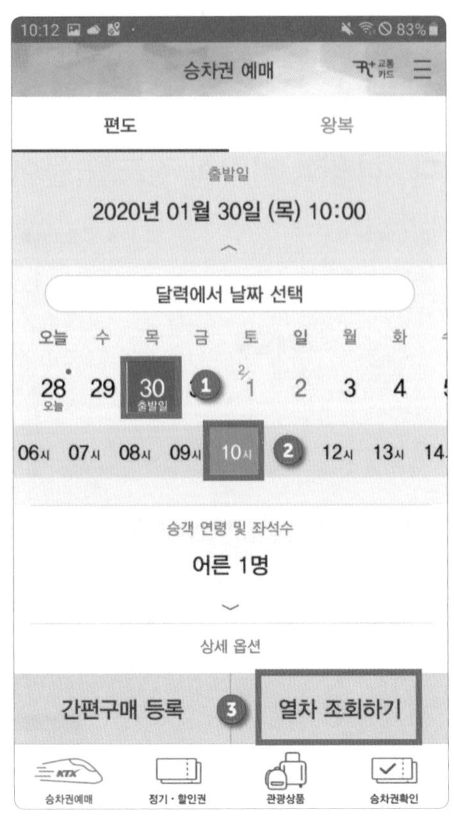

04 예약할 시간의 열차를 선택한 후 오른쪽과 같은 화면이 나올 수 있는데 출발역이 서울이 아니기 때문인데 **확인**을 누릅니다.

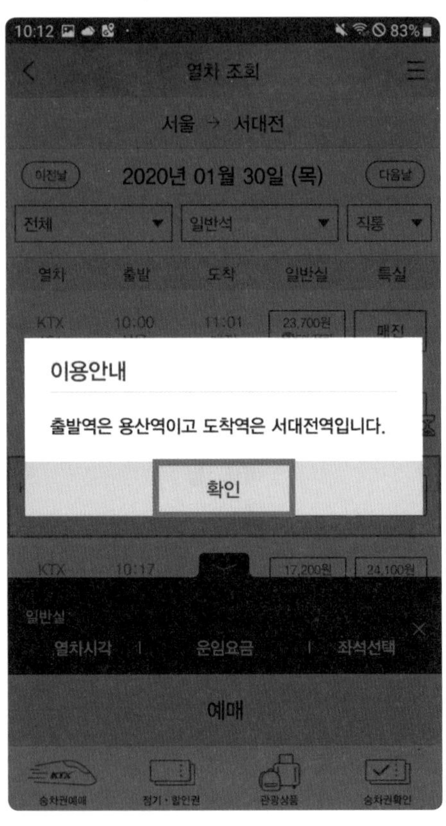

05 열차시간 선택 후 **좌석선택**을 누른 후 원하는 좌석을 순방향으로 선택한 후 하단의 **선택 완료**를 누릅니다.

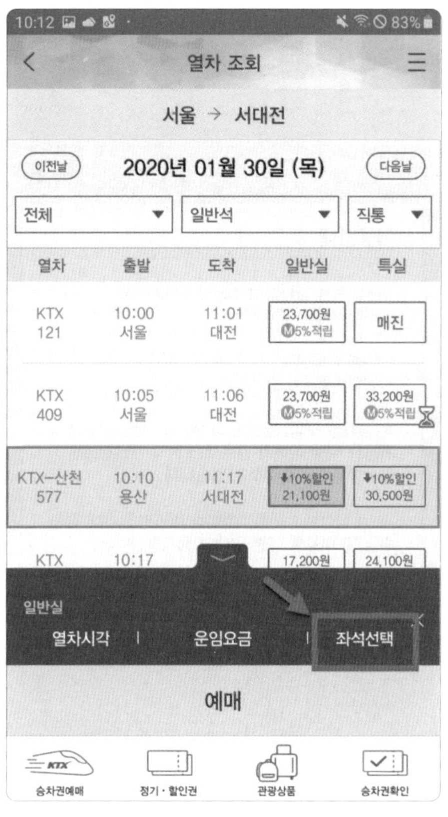

06 **예매** 버튼을 누른 후 회원이 아니라면 **미등록고객**을 누릅니다.

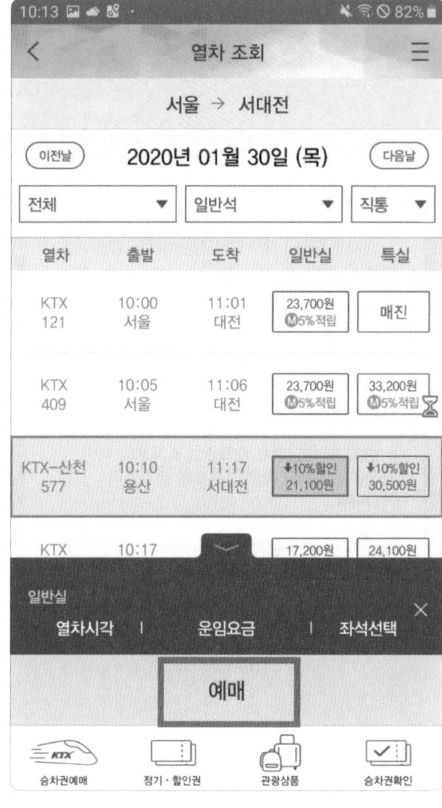

07 이름, 휴대폰번호를 입력하고 본인확인을 위해 비밀번호를 간단하게 2회에 숫자로 입력한 후 **확인**을 누르면 이용안내가 나오며 여기서 **네**를 누릅니다.

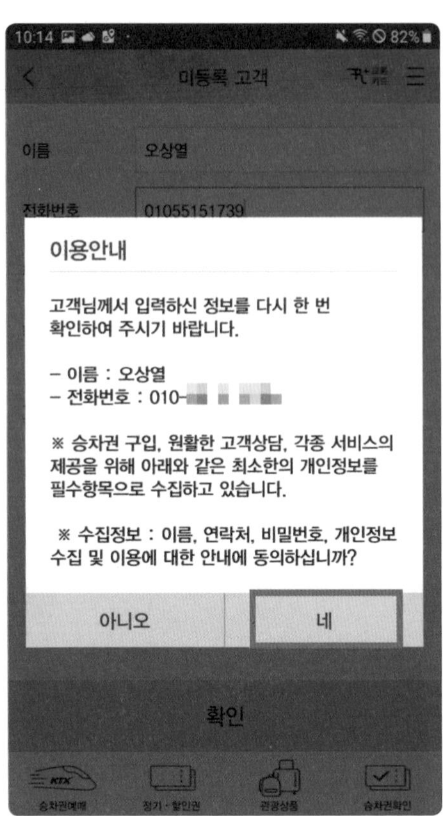

08 승차권 정보 확인에서 **결제하기**를 누른 후 이용안내에서 **네**를 누릅니다.

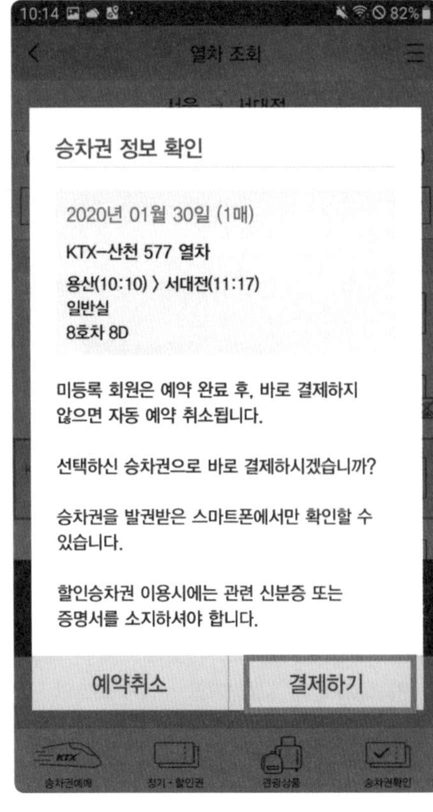

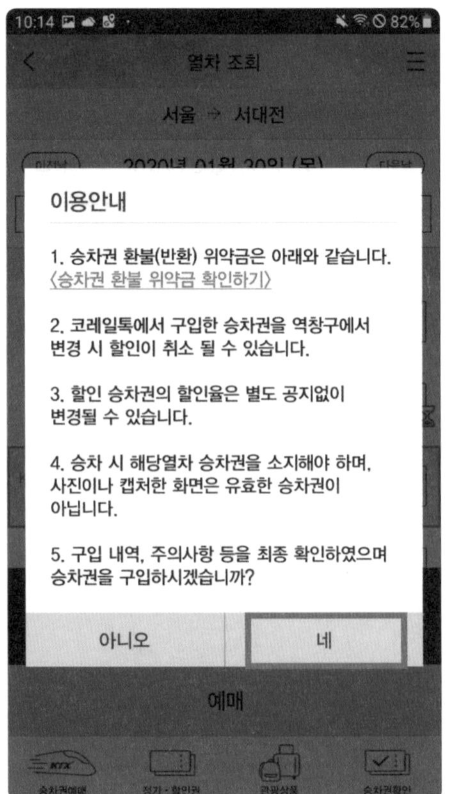

09 결제창에서 정보가 맞으면 다음을 눌러서 신용카드 정보를 입력한 후 하단의 **결제/발권**을 누릅니다. 승차권이 발권되면 QR코드까지 나타나게 됩니다.

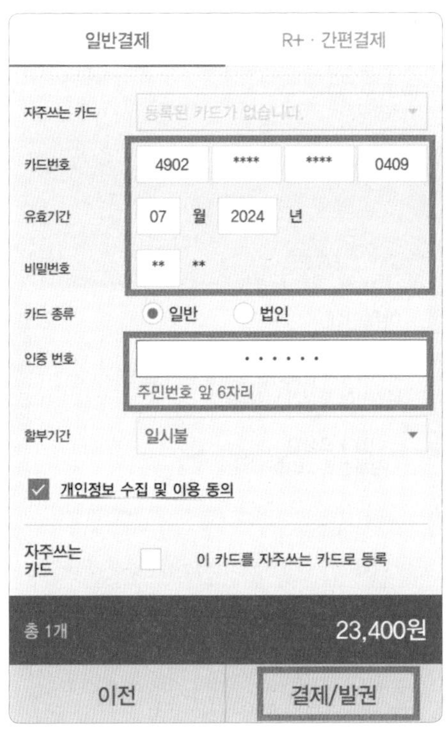

CHAPTER 06-4 예매 확인하기

01 우측하단의 **승차권확인**을 누른 후 회원이 아니라면 **미등록고객**을 선택합니다.

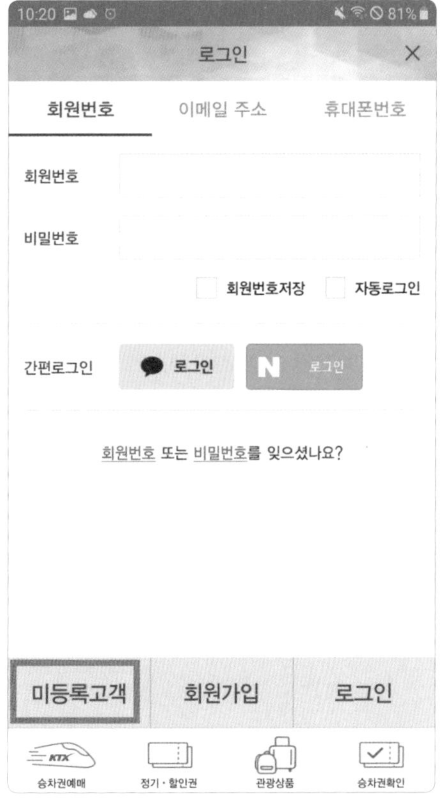

02 예매한 사람의 **이름**과 **전화번호**, **비밀번호**를 입력한 후 **확인**을 누르면 이용안내에 본인이 맞는지 물어보는데, **네**를 누르면 승차권이 나타납니다.

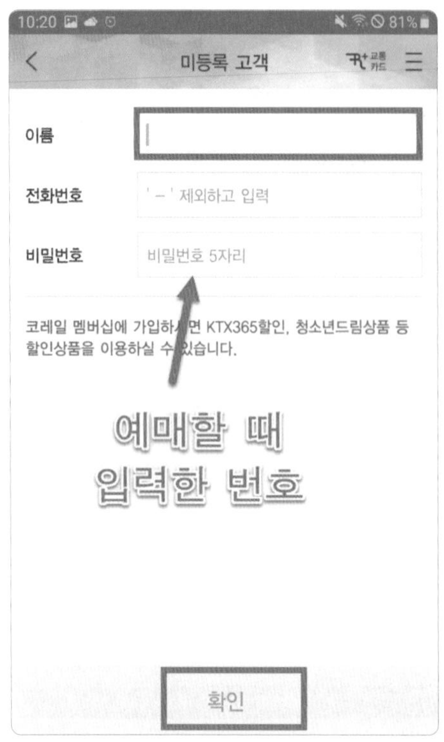

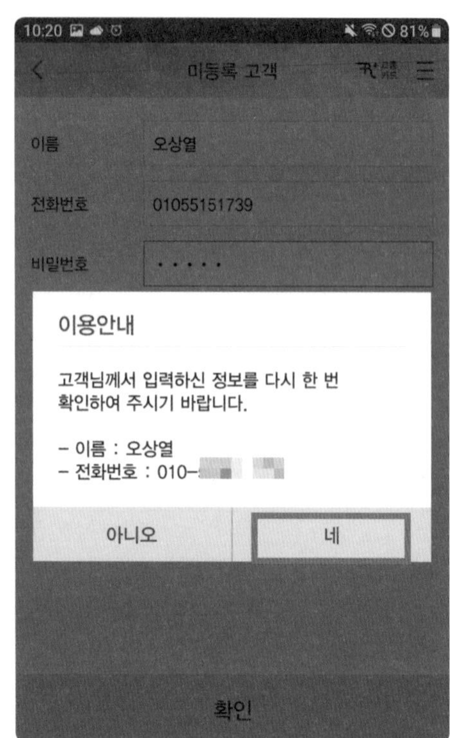

CHAPTER 06-5 예매 취소하기

01 우측상단의 **메뉴**를 누른 후 예매한 승차권을 취소하기 위해 **승차권 반환**을 찾아서 누릅니다.

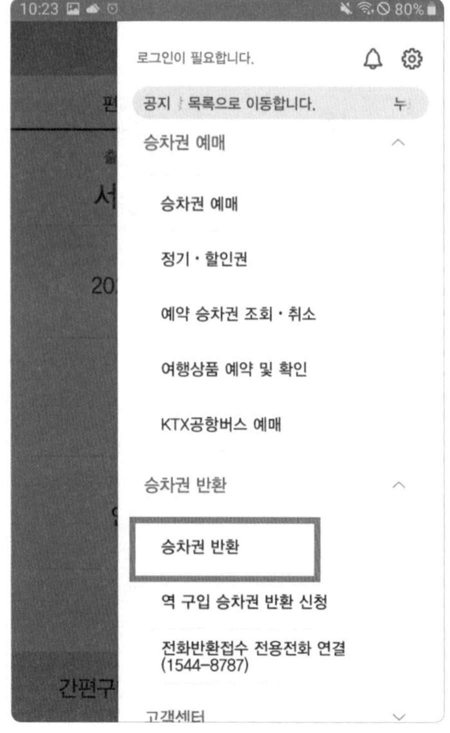

02 **미등록고객**을 누른 후 ❶**이름**, **전화번호**, **비밀번호**를 입력한 후 ❷**확인**을 누르면 이용안내 상자가 나옵니다. 입력한 정보가 맞으면 ❸**네**를 누릅니다.

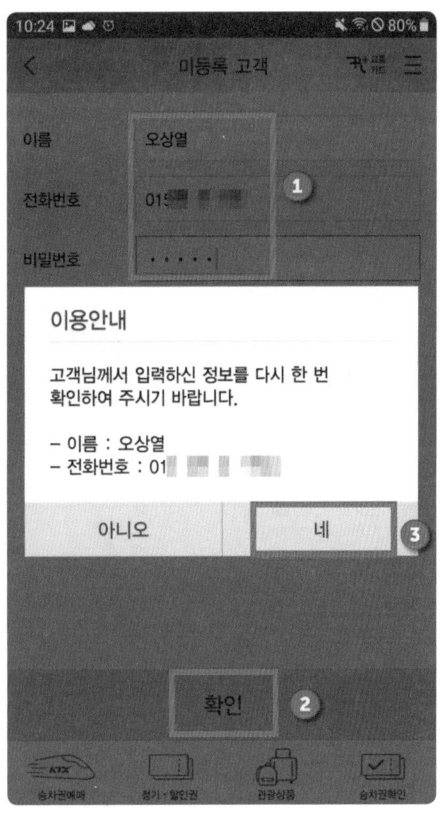

03 반환할 항목을 **체크**한 후 **반환하기**를 누른 다음 **반환요청**을 누르면 취소됩니다.

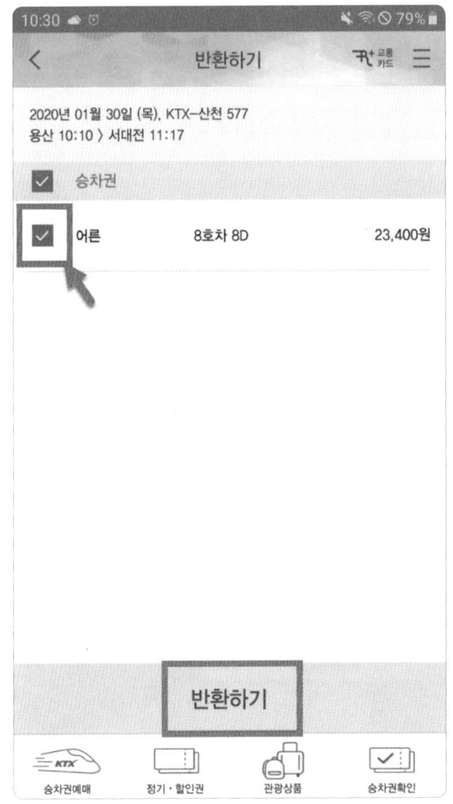

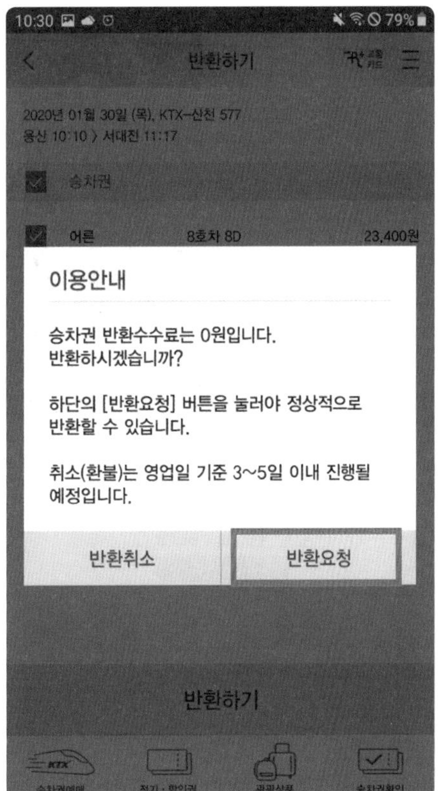

01 대한민국은 이제 2시간 생활권이라고 해도 무방할 정도로 대중교통이 잘 되어있습니다. 친구 3명이 서울에서 부산까지 가는 표를 발권해 보세요.

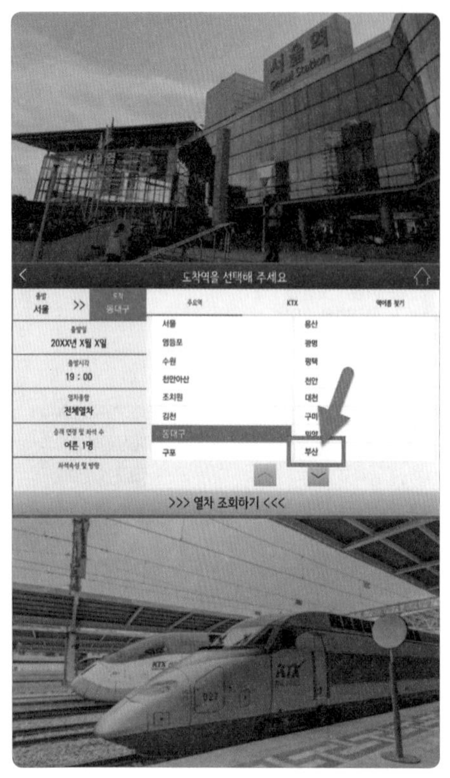

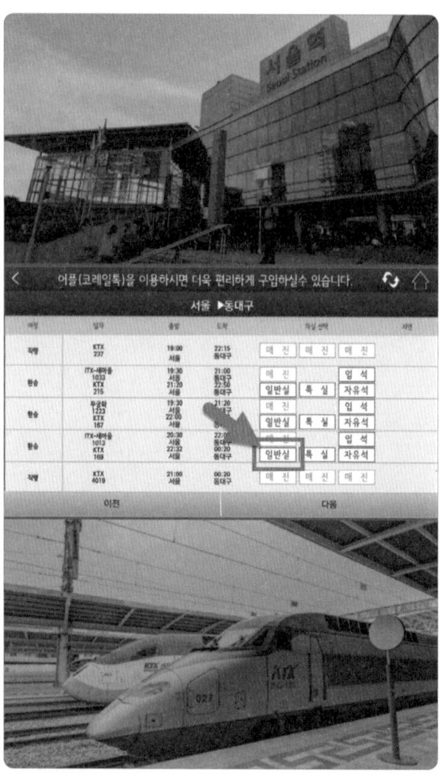

02 김천시(구미김천역)에 농산물표준연구원에 방문해서 미팅을 갖고 오려고 합니다. 스마트폰을 두고 출발한 바람에 예매한 표를 발권해야 합니다.

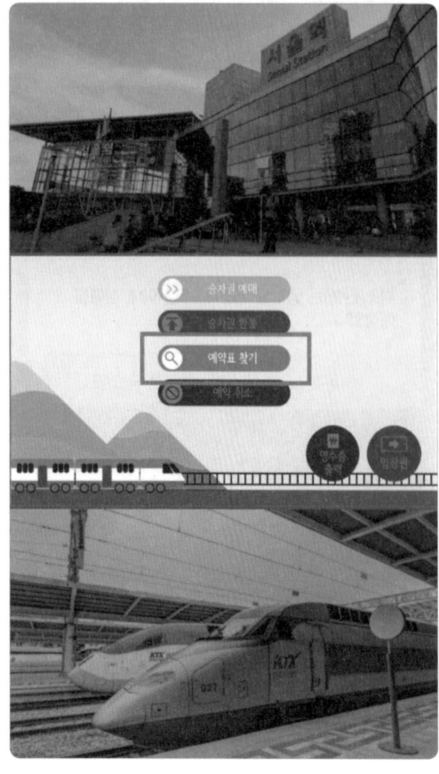

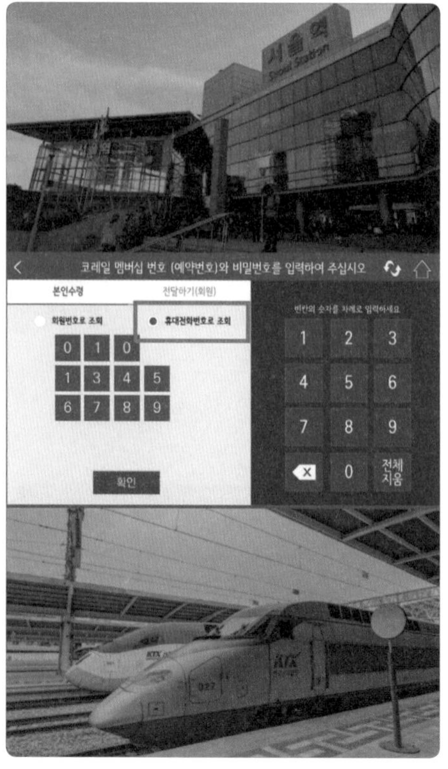

CHAPTER 07 ▶ 항공권 예매와 공항 셀프 체크인하기

CHAPTER 07-1 키오스크에서 셀프 체크인하기 ▸▸▸

01 키오스크 첫 화면에서 **공항**을 선택한 후 **셀프 체크인** 버튼을 누릅니다.

02 탑승수속은 본인이 출발 1시간 전까지 해야 하며, **해당 항공사**를 선택한 후, 위험한 물건은 실을 수 없음에 **동의**를 누릅니다.

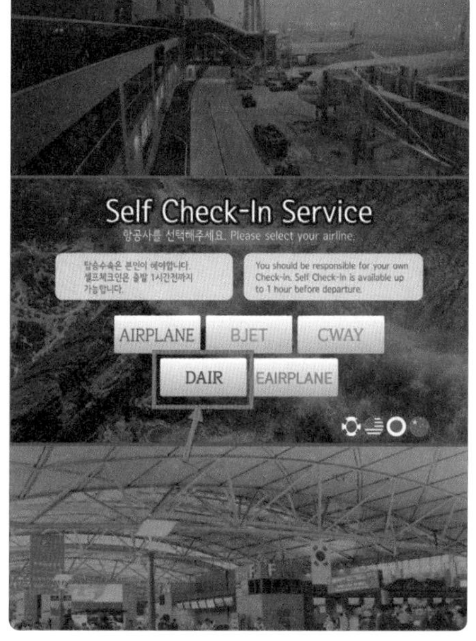

03 기내 수하물 규정과 수속제한 고객 알림창에서 **동의**를 누른 후 여권인식기에 3초간 올려 놓은 후 **다음**을 누릅니다.

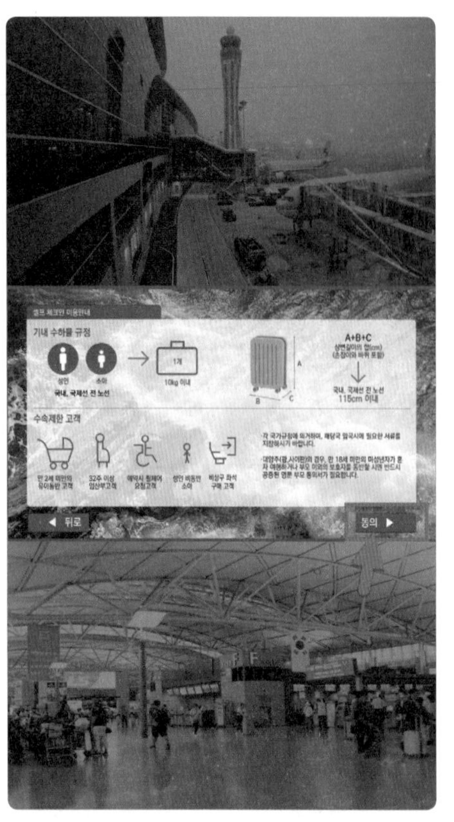

04 예매한 성명, 목적지, 출발일 등을 확인한 후 **다음**을 눌러 좌석을 선택한 후 **다음**을 누릅니다.

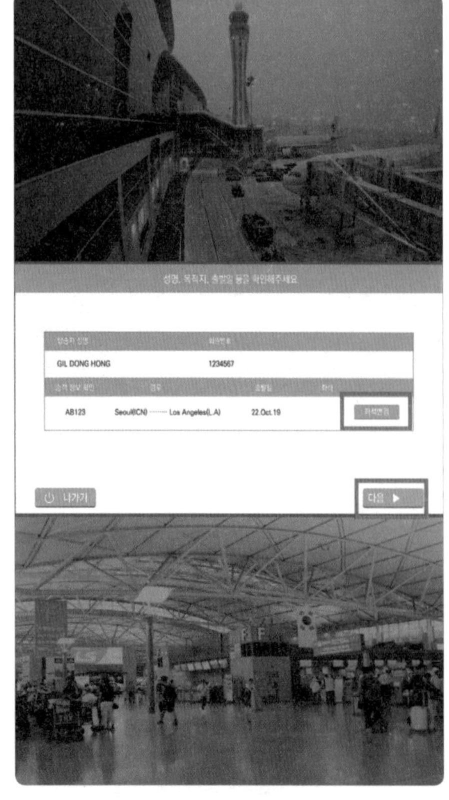

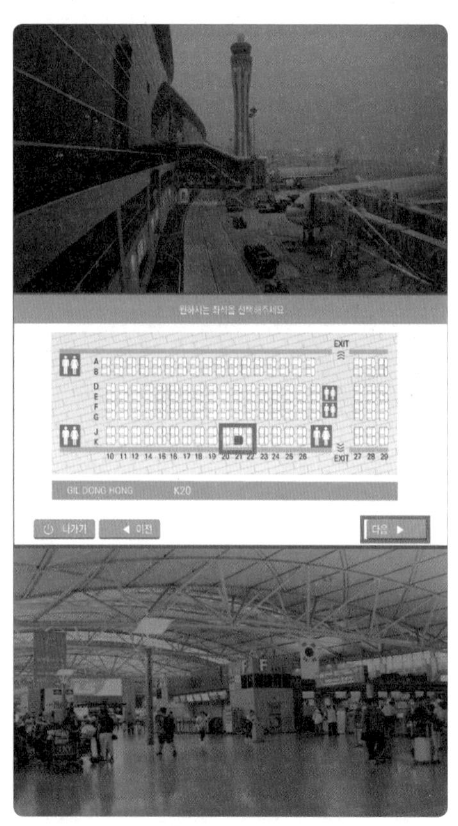

05 탑승권을 발급하려면 **확인**을 누른 후 잠시 기다리면 탑승권이 발행된다는 알림창이 나온 후 발급된 탑승권을 수령합니다.

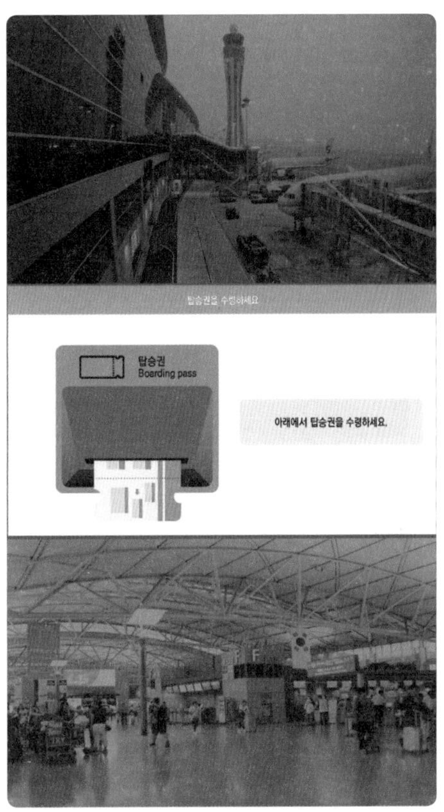

06 탑승권을 수령하게 되면 공항 키오스크의 첫 화면으로 되돌아갑니다.

항공권 예매와 공항 셀프 체크인하기

01 Play 스토어에서 **대한항공** 앱을 설치한 후 실행하면 접근권한 **확인**을 누릅니다.

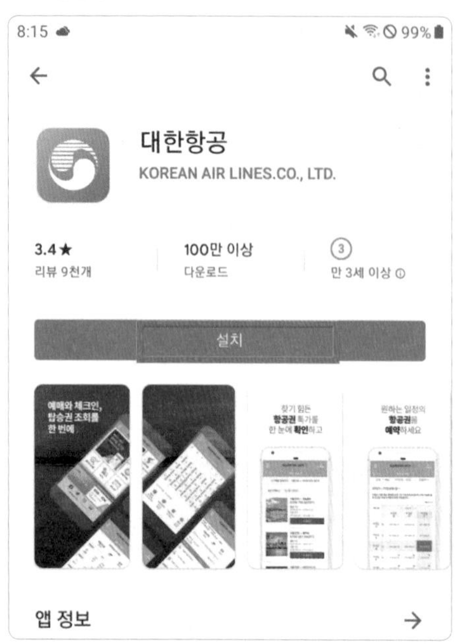

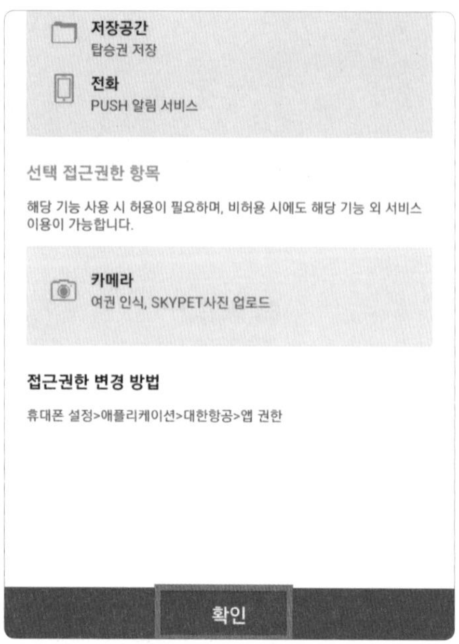

02 연락처와 카메라로 찍을 수 있도록 접근 권한 **허용**을 터치합니다.

03 문자 및 전화를 걸 수 있도록 **허용**한 후 마케팅 메시지 수신 동의에 **동의**를 누릅니다.

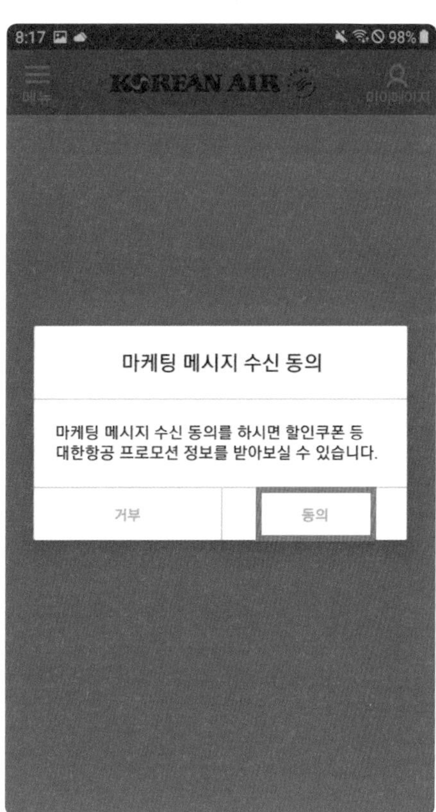

04 베트남 다낭을 여행을 가고자 하는 것이므로 **국제선 예매**를 선택한 후 왕복을 기준으로 **출발지**를 선택합니다.

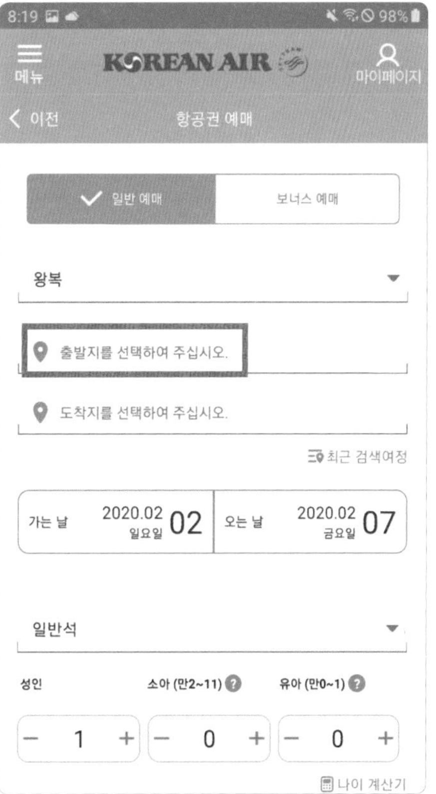

05 출발지 지역 및 공항을 선택하는 화면에서 **대한민국**으로 선택한 후 **서울/인천(ICN)**을 터치합니다.

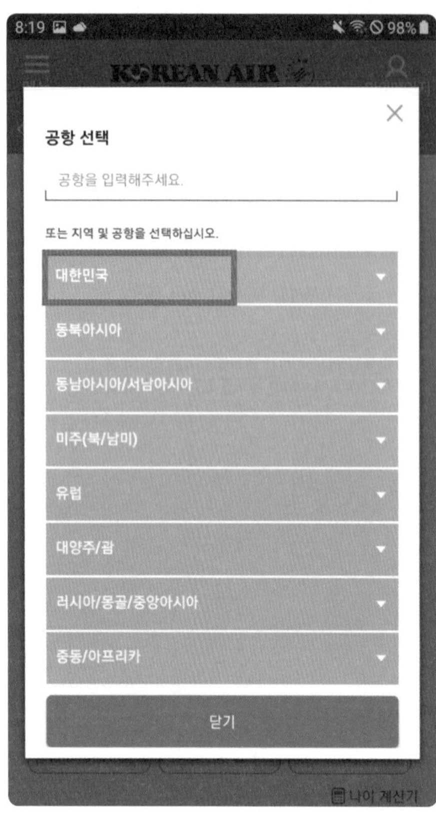

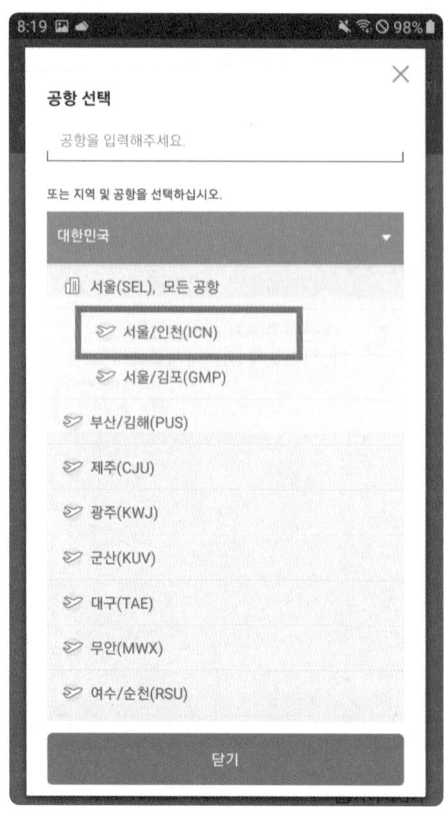

06 **도착지를 선택하여 주십시오**를 터치한 후 지역 및 공항을 선택할 때 베트남 다낭은 **동남아시아/서남아시아**를 선택해야 합니다.

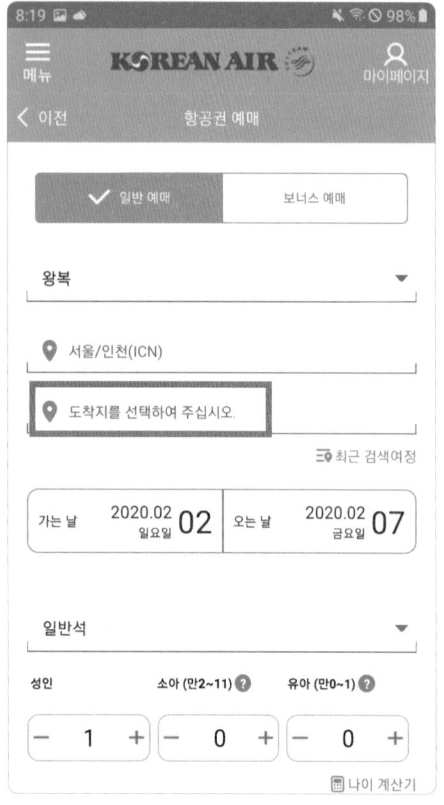

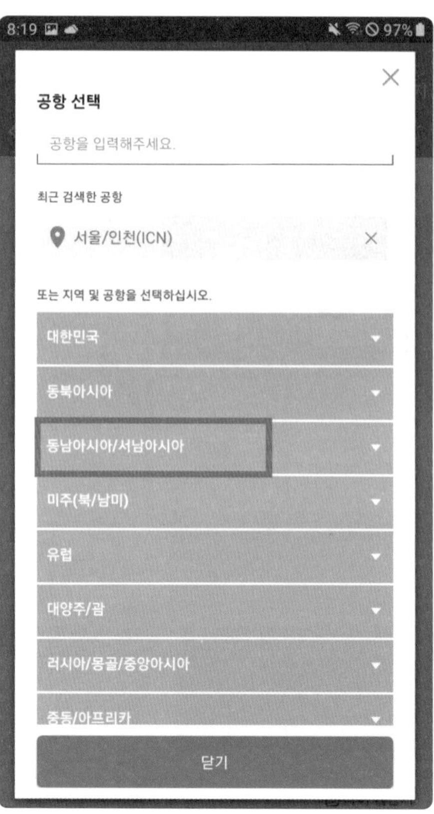

07 대한항공 취항지 도시, 국가/지역이 나오는데 여기서 **다낭(DAD)**을 선택한 후 오른쪽 사진에서 **가는 날**을 터치해서 예약 날짜를 변경합니다.

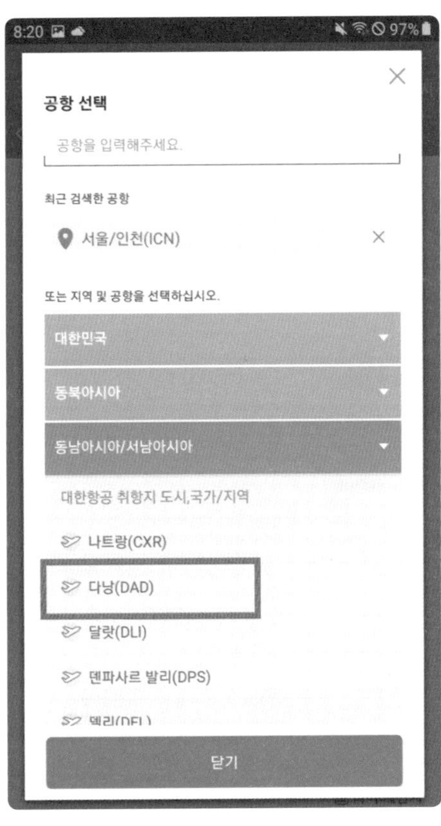

08 ❶**출발할 날짜**를 선택한 후 ❷**오는 날의 날짜**를 선택한 후 하단의 ❸**선택** 버튼을 누른 후 **인원**을 정한 후 결제 통화는 KRW로 그대로 둡니다.

09 추가옵션 변경사항이 없을 때 **다음**을 누른 후 할인운임에 해당하는 사항이 없으면 **다음**을 누릅니다.

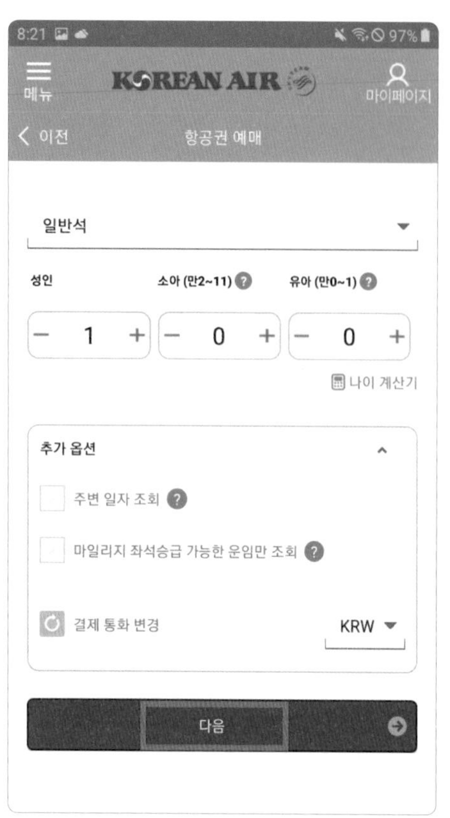

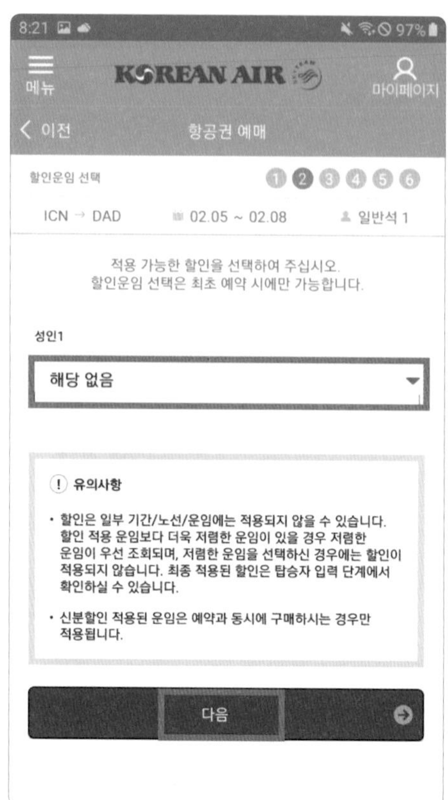

10 원하는 시간과 요금을 확인한 후 예약을 원하는 항공편을 선택한 후 상세하게 터미널 1인지 터미널2인지도 확인한 다음 **선택**을 누릅니다.

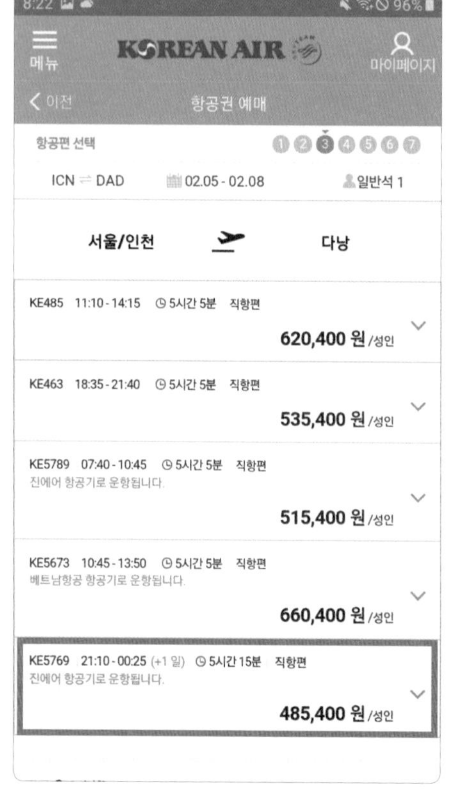

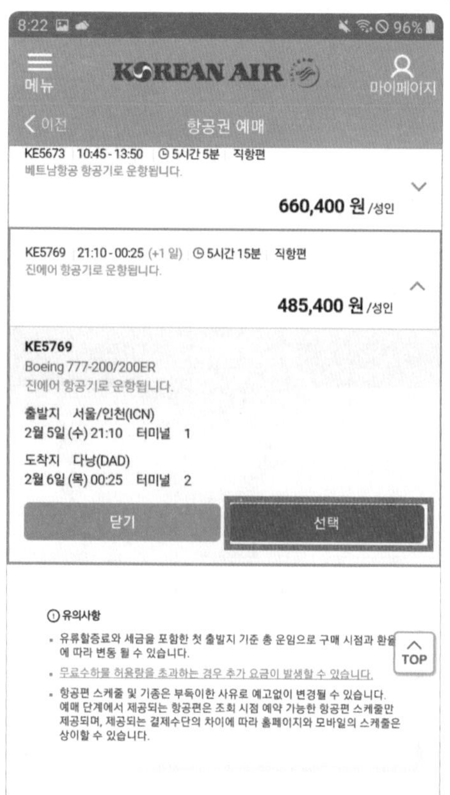

11 공동운항편 안내를 읽어보는데 대한항공이 아니라 진에어 항공기로 운항이 되기 때문이고 **확인**을 누르면 되돌아 **오는 항공편**을 선택하도록 합니다.

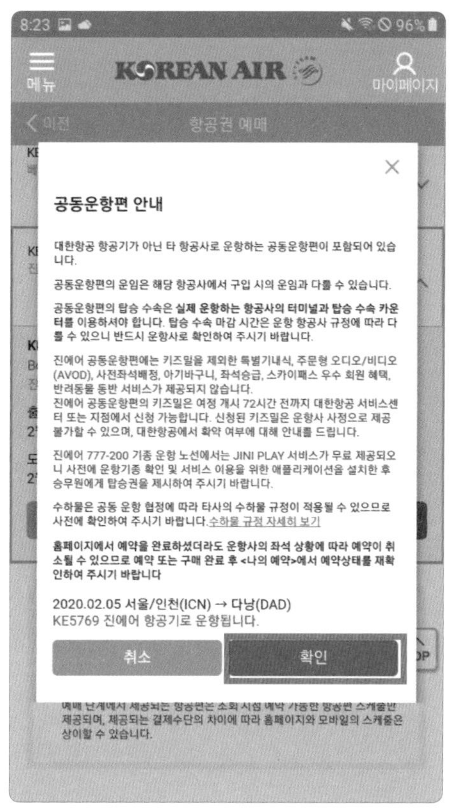

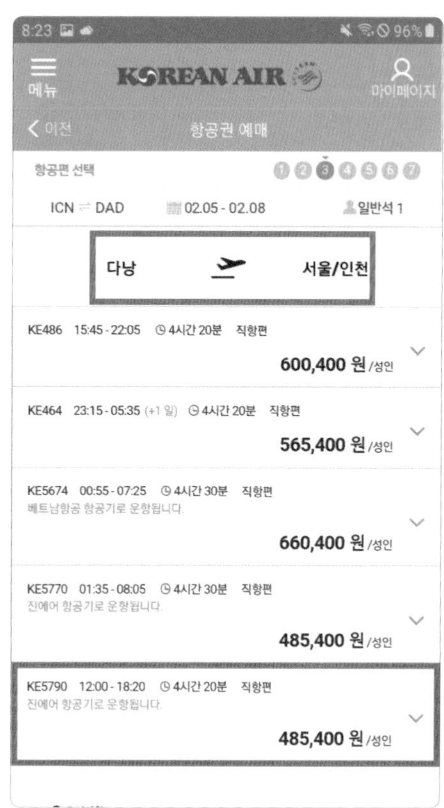

12 출발 터미널과 도착지 터미널이 어디인지 시간을 확인한 후 **선택**을 누른 후 공동운항편 안내를 읽어본 후 **확인**을 누릅니다.

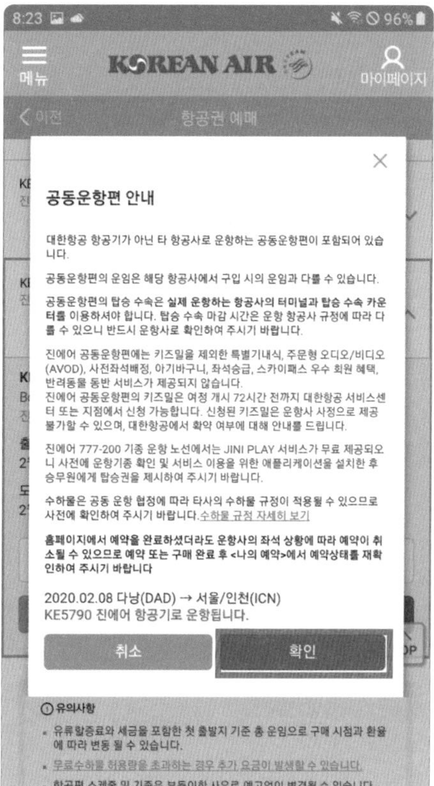

13 상세 운임 규정을 확인하기 위해 선택했던 운임을 터치한 후 최종 선택을 누릅니다.

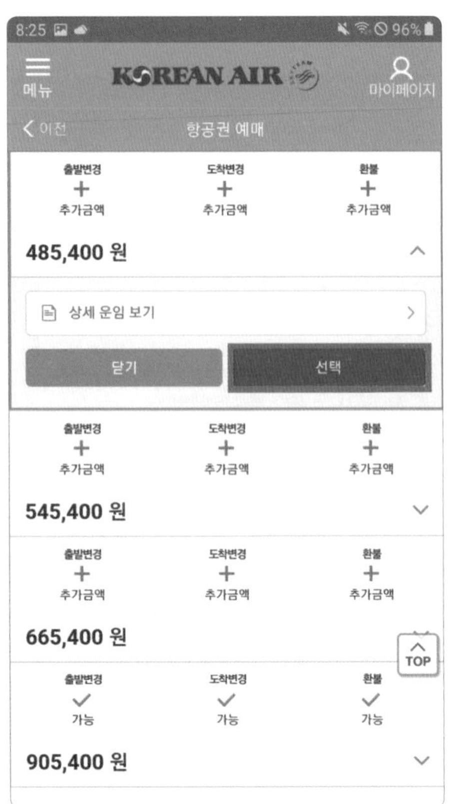

14 여정변경할 것이 없으면 읽어본 후 **다음**을 누른 후 **비회원 진행**을 터치해서 다음 화면으로 넘어가면 됩니다.

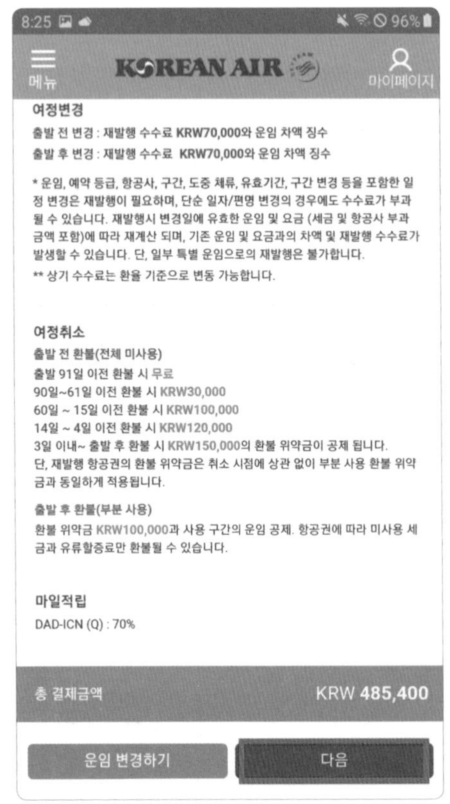

15 개인정보보호 및 수집 이용에 동의를 체크한 후 하단의 **동의** 버튼을 누르면 탑승객 정보를 입력하는 화면이 나오는데 **여권스캔**을 누릅니다.

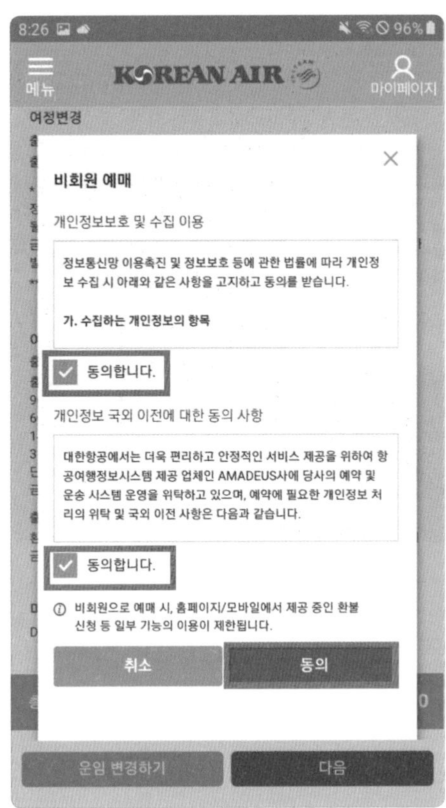

16 여권을 준비한 후 하단의 **다음**을 누르면 카메라 촬영을 권한을 허용할 것인지 묻는 알림창에서 **허용**을 누릅니다.

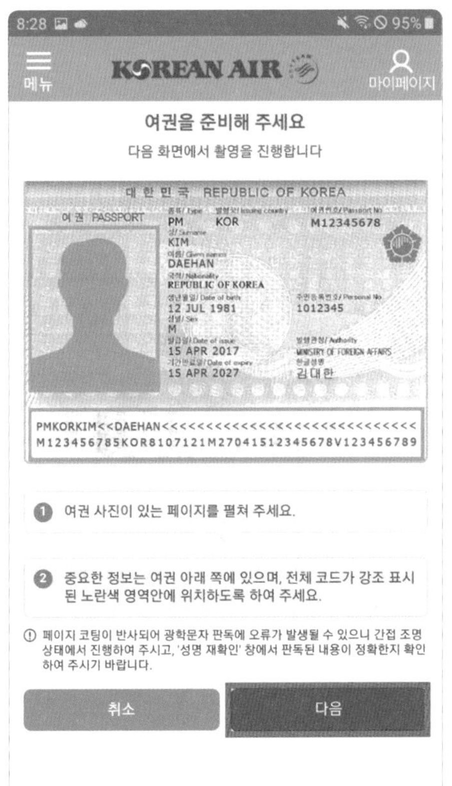

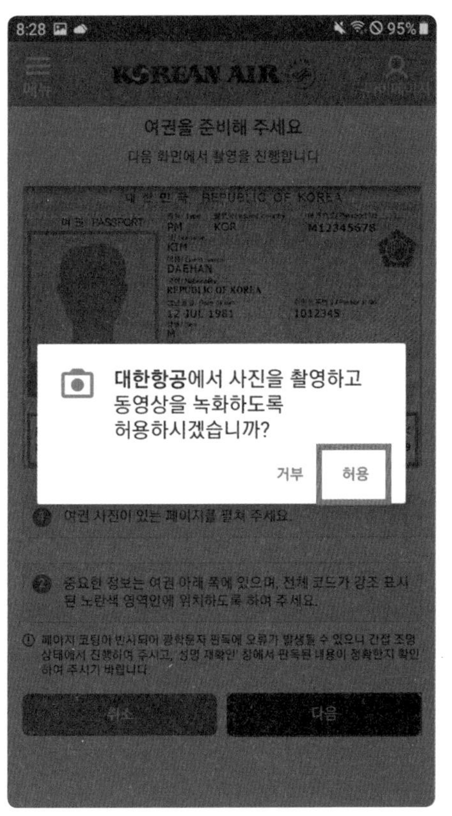

17 여권의 사진과 중요정보가 보이도록 한 후 자동으로 촬영되어 인식이 되는데 너무 어두운 곳에서 촬영하게 될 경우 아래와 같은 알림창이 나옵니다.

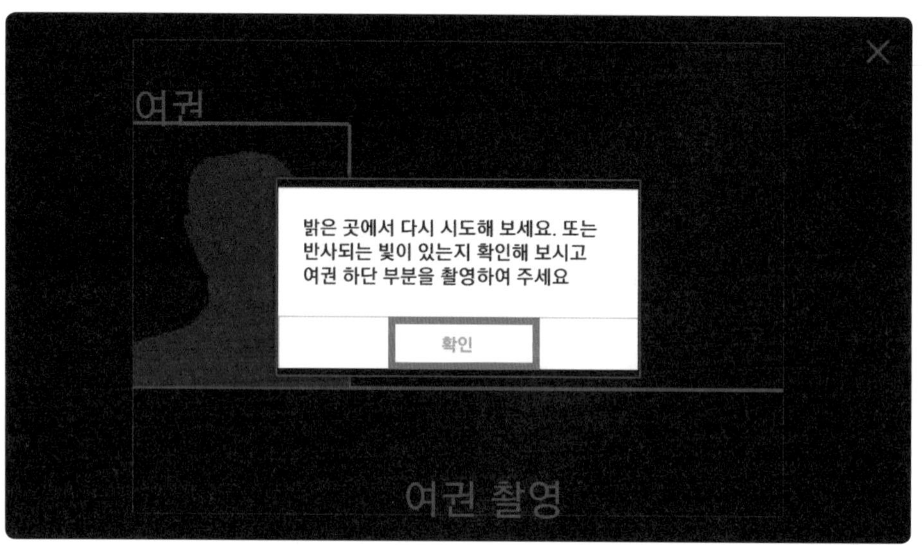

18 휴대폰, 국가번호, 전화번호, 이메일주소를 입력한 후, 예약확인과 발급을 위한 비밀번호를 쉬운 것으로 2회 입력한 후 하단에 **지금 구매하기**를 누릅니다. 이후로 나오는 화면은 신용카드 결제화면이 나오므로 국민카드, BC카드 등은 ISP앱을 미리 설치해서 준비한 후 결제하면 되는데 결제한 후 예약취소를 할 경우 동일한 휴대폰 번호로는 예매가 안될 수도 있으므로 신중하게 예약합니다.

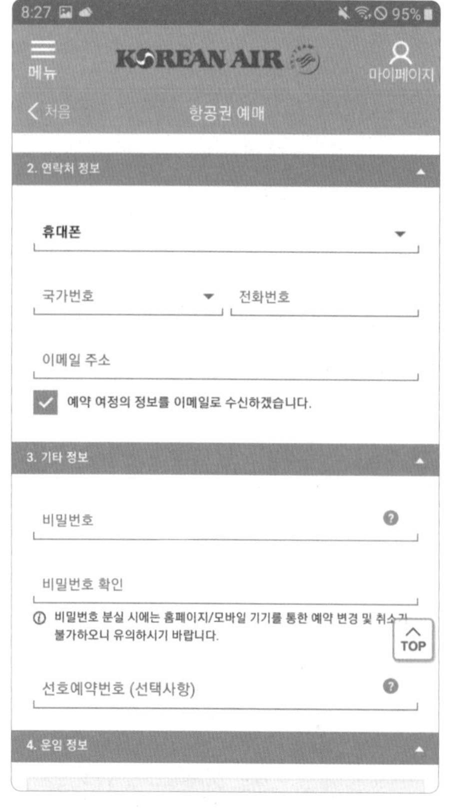

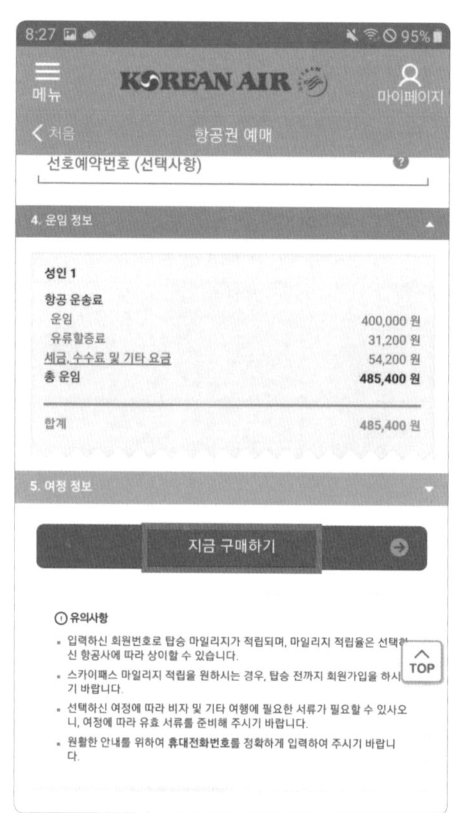

CHAPTER

08 ▸ 패스트푸드 이용하기

CHAPTER 08-1 매장 주문하기

01 키오스크 첫 화면에서 **패스트푸드**를 누른 후 오른쪽 화면을 터치합니다.

02 식사하실 장소를 선택하는 화면에서 **매장에서 식사**를 선택한 후 추천메뉴가 나오면 **더블패티버거**를 선택하도록 합니다.(원하는 품목 선정하기)

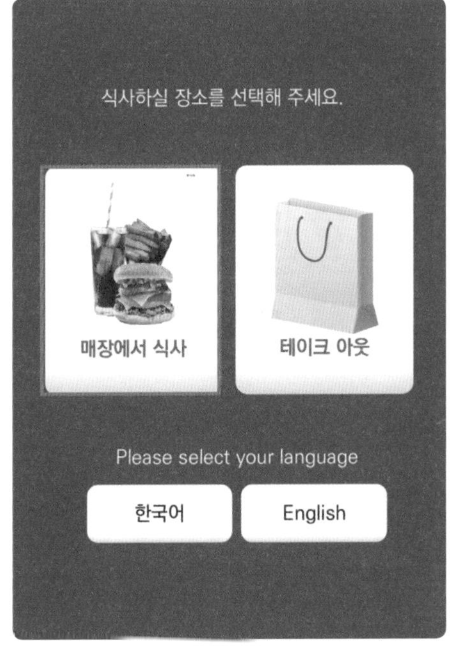

03 원하는 구성을 **더블패티버거세트**로 선택하면 세트메뉴이기 때문에 사이드메뉴로 **감자튀김**을 선택합니다.

04 감자튀김을 선택한 후 음료를 선택하는 화면에서 **주스**를 선택합니다. 선택을 변경하고 싶을 때가 있는데 이럴 경우는 주문한 품목 옆의 **메뉴변경** 버튼을 누르면 변경할 수 있습니다.

05 사이드 메뉴에서 **치즈스틱 2조각**으로 변경한 후 음료는 **커피**로 변경을 하도록 하겠습니다.

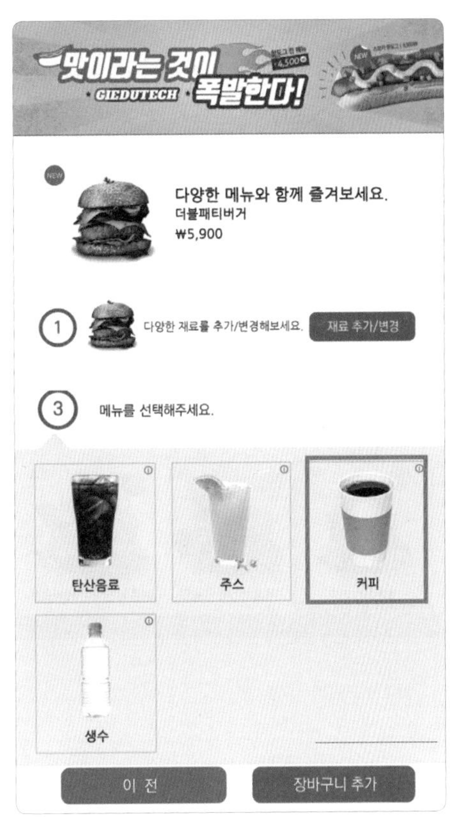

06 **장바구니 추가**를 눌러서 첫 번째 주문 품목을 정한 후 주문완료를 누르면 주문이 끝나지만 **두 명이 패스트푸드 주문**하려고 한다면 두 번째 품목을 정하기 위해 **매콤치킨버거**를 선택하도록 합니다.

07 사이드메뉴는 함께 먹어도 되기 때문에 이번에는 **매콤치킨버거 단품**을 선택한 후 **주문완료**를 누릅니다.

08 주문확인 화면에서 내용이 맞으면 **결제하기**를 누르고, 주문이 잘못 되었으면 삭제를 누르거나 이전을 눌러서 주문을 재시도합니다. **결제하기**를 눌렀다면 카드투입구에 카드를 넣거나 오른쪽으로 긁어주면 결제가 됩니다.

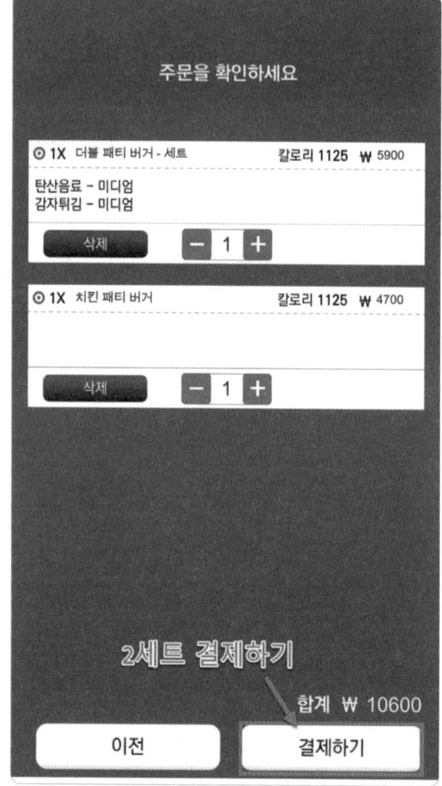

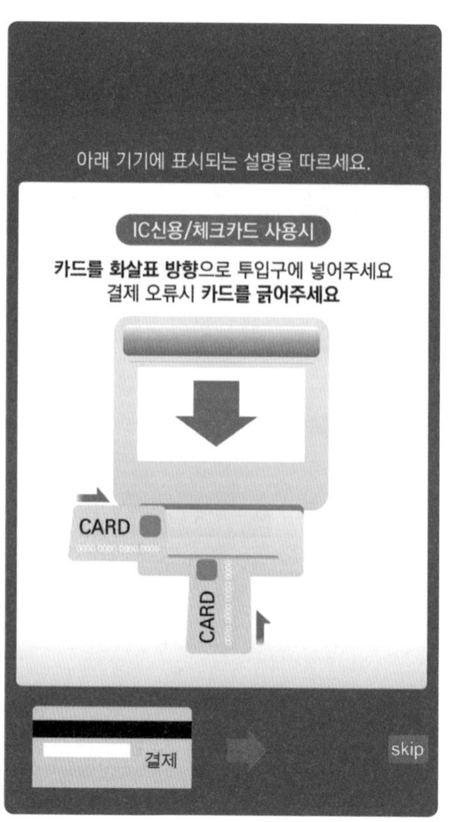

09 결제가 완료되었다는 화면이 나오면 화면을 터치하면 주문번호표가 출력이 됩니다. 주문해서 제품을 받는 곳 상단에 본인의 주문번호가 나오면 받으러 갑니다.

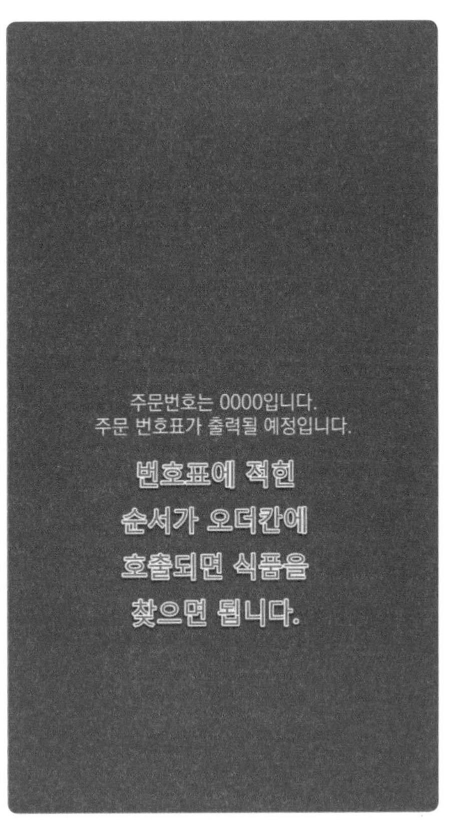

키오스크를 이용하는 패스트푸드마다 큰 차이는 없지만 이제 두려워하지 말고 키오스크로 주문하는 스마트한 라이프를 즐겨보세요.

테이크아웃 주문하기

01 키오스크 첫 화면에서 **패스트푸드**를 선택한 후 햄버거 화면을 터치합니다.

02 식사할 장소를 **테이크 아웃**을 선택해서 포장을 하는 것으로 선택해야 매장직원이 포장까지 끝내게 됩니다. **지아이버거**를 포장하기로 하겠습니다.

03 **지아이버거 라지세트**를 선택한 후 사이드메뉴로 **치즈스틱 2조각**을 선택하도록 합니다.

04 음료는 **탄산음료(콜라)**를 선택하면 세트메뉴를 모두 구성했습니다. 하단의 **장바구니 추가**를 터치합니다.

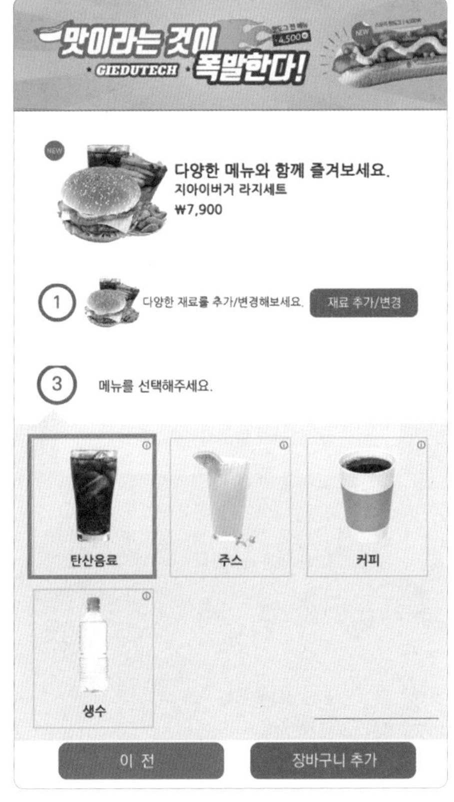

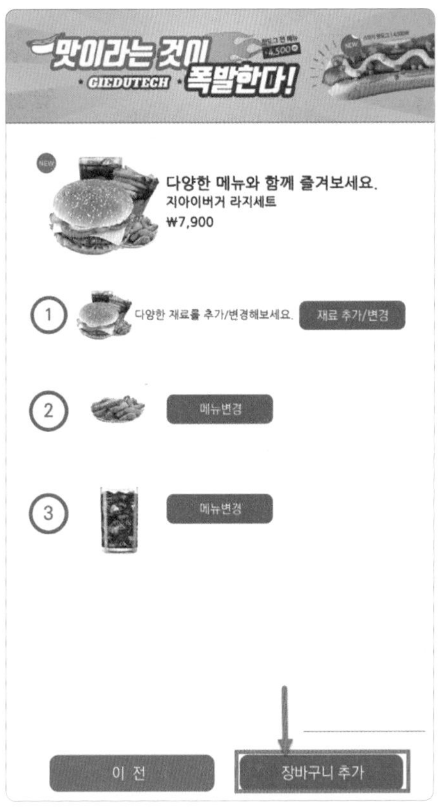

05 추가적인 주문이 없으면 **주문 완료**를 눌러서 결제화면으로 넘어가서, +를 누르면 동일 제품을 2세트로 주문할 수 있으며 **결제하기**를 누릅니다.

06 신용카드/체크카드를 넣거나 긁으면 결제가 진행되고 완료되었다는 메시지가 나오면 주문번호표가 나오므로 기다렸다 번호가 호출되면 포장된 제품을 인수하면 됩니다.

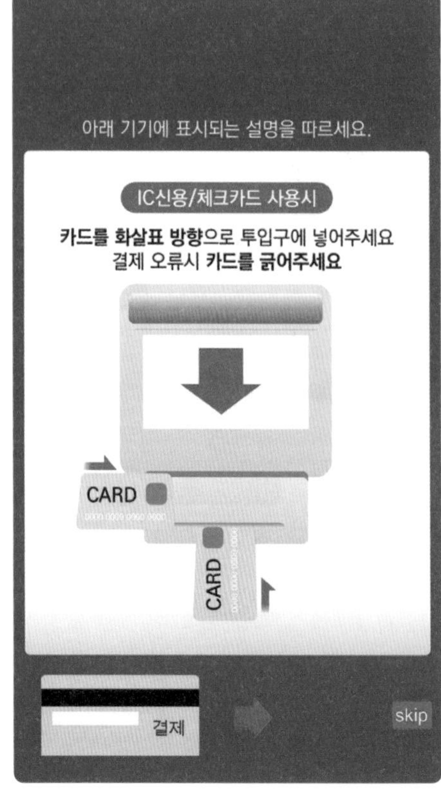

패스트푸드 혼자 주문해보기

01 점심시간이 지나 식사를 못하고 빨리 다른 장소로 이동을 해야 합니다. 패스트푸드에서 치킨버거와 콜라를 테이크아웃 주문하세요.

02 베이컨버거 라지세트를 주문하는데 치즈스틱과 콜라를 2세트씩 주문해 보세요.

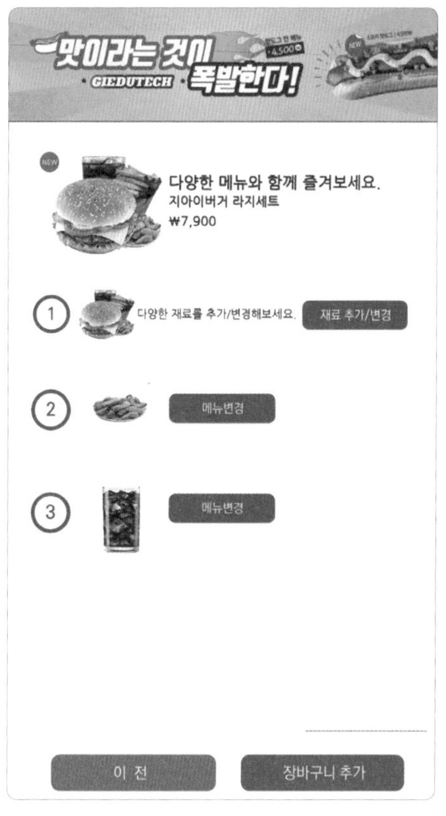

03 더블패티버거 **단품**을 주문하다 주문완료를 하기 전에 취소하고, 지아이버거 단품 2개와 음료는 커피를 주문해 보세요.

04 **매장에서** 매콤치킨버거라지 1개를 주문한 후, 더블패티버거 2개를 **테이크아웃**으로 주문해봅니다.

CHAPTER 09 ▸ 셀프 주유와 ATM

CHAPTER 09-1 셀프 주유

01 키오스크 첫 화면에서 **셀프주유소**를 선택한 후 **시작하기** 버튼을 누릅니다.

02 주유시작 전 정전기패드에 손을 터치한 후 **계속하기**를 누른 후 주유할 **휘발유/경유**를 누릅니다.

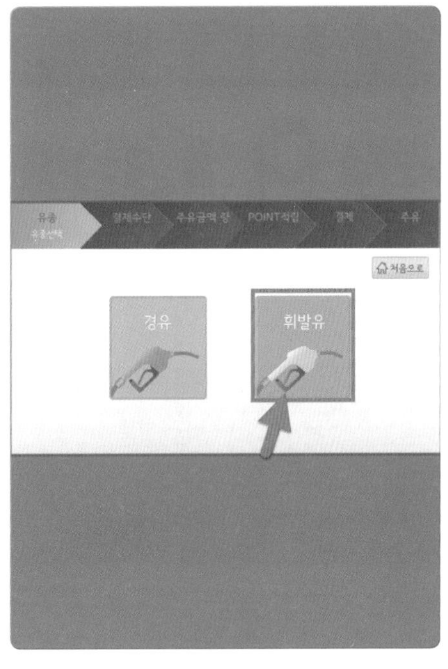

03 결제수단을 선택할 때 **신용카드(체크카드)**를 선택한 후 금액은 **7만원**을 선택하도록 합니다.

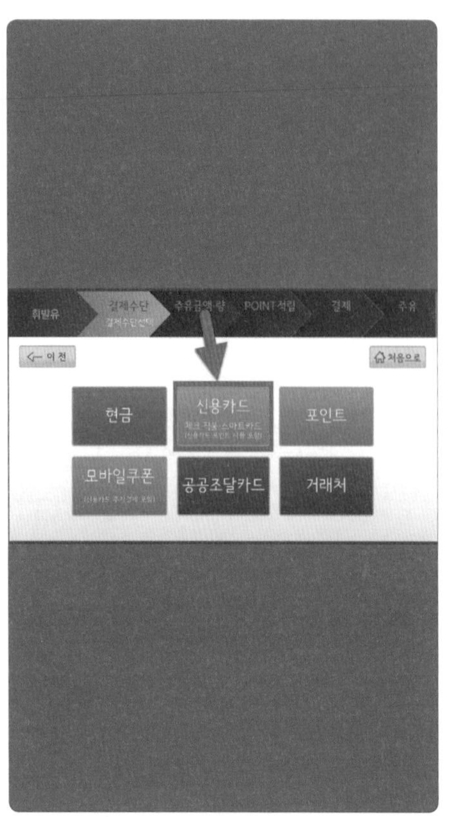

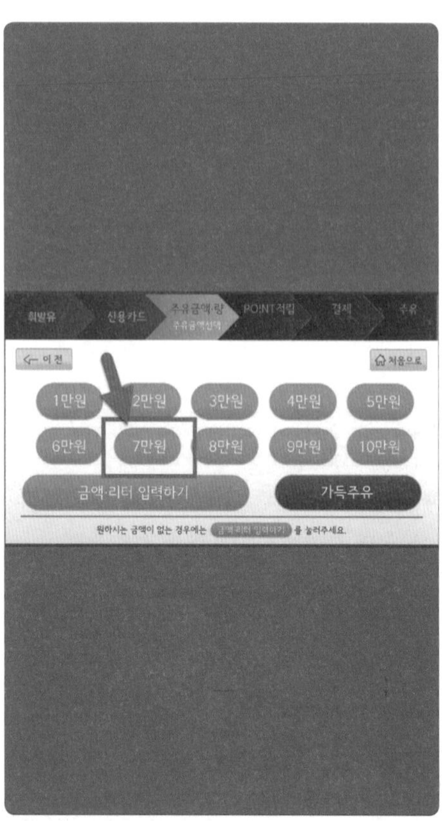

04 POINT 적립에서 **없음**을 누른 후 신용카드를 투입구에 삽입하되 IC카드가 보이도록 삽입합니다.

05 결제될 금액을 **확인**한 후 확인을 누르면 카드를 조회중이라고 나오며 결제가 끝나도 영수증이 발급되기 전까지 카드를 빼지 마세요.

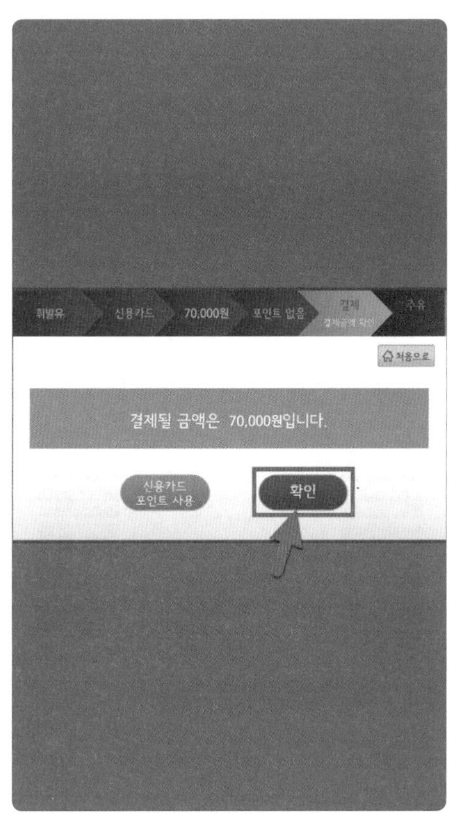

06 주유가 완료되었다는 화면이 나오면 영수증을 받은 후 카드를 회수한 후 노즐을 주유기에 걸어주고 연료캡을 닫으면 됩니다.

ATM으로 예금출금하기

01 키오스크 첫 화면에서 **ATM**을 선택하면 은행365의 키오스크 화면이 나타납니다. 여기서 **예금출금** 버튼을 누릅니다.

02 카드를 삽입한 후 **거래계속**을 누른 후 거래선택에서 **카드출금**을 터치합니다. 은행 키오스크마다 순서상 차이가 발생할 수는 있습니다.

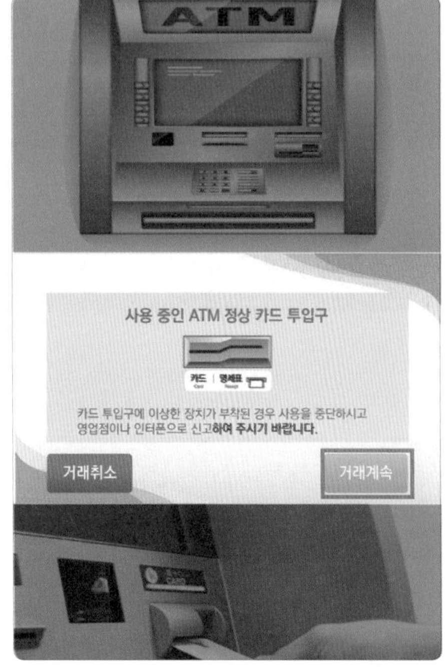

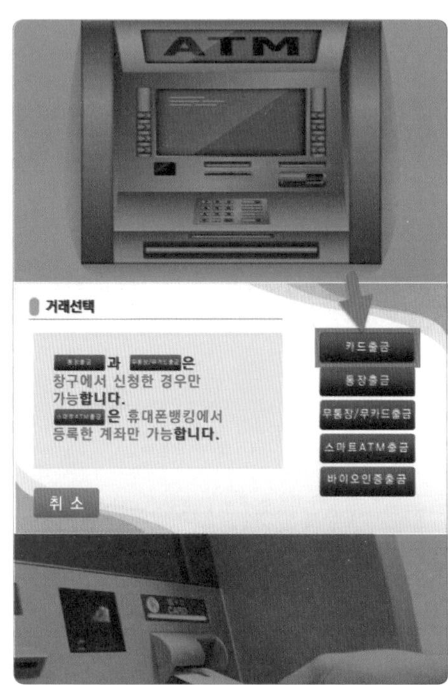

03 찾을 금액은 **10만원**을 선택한 후 보이스피싱 피해예방 안내에서 모르는 사람이 전화로 송금을 요청하는 것이 아니라면 **아니오(거래진행)** 버튼을 누릅니다.

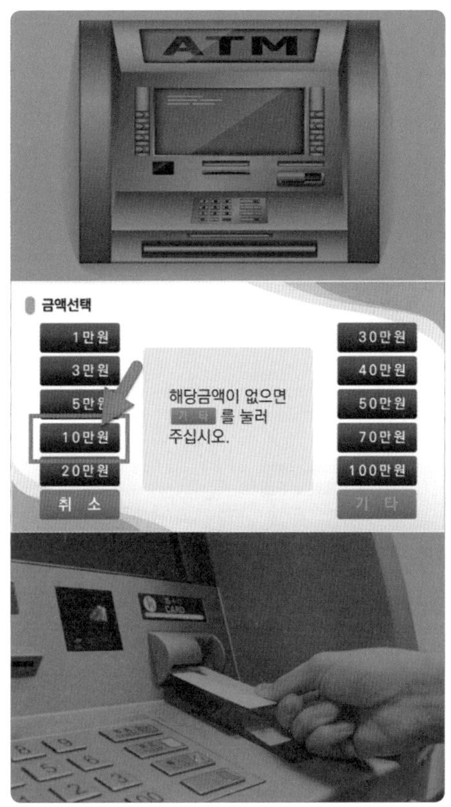

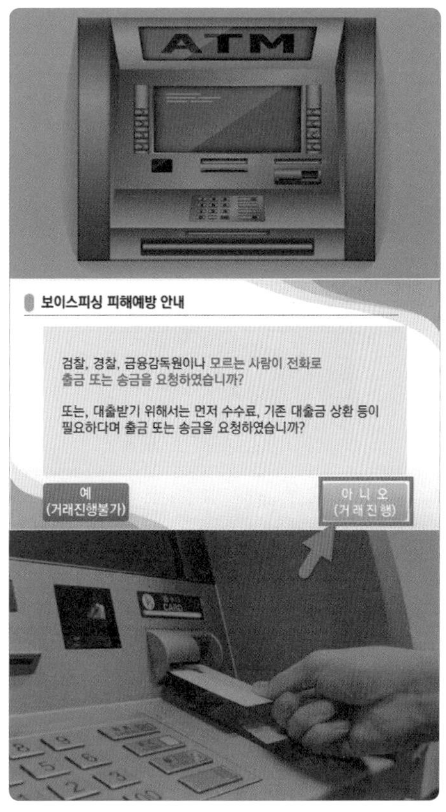

04 찾는 금액이 맞는 지 금액확인 화면이 나오면 **확인**을 눌러서 비밀번호 4자리를 입력합니다.

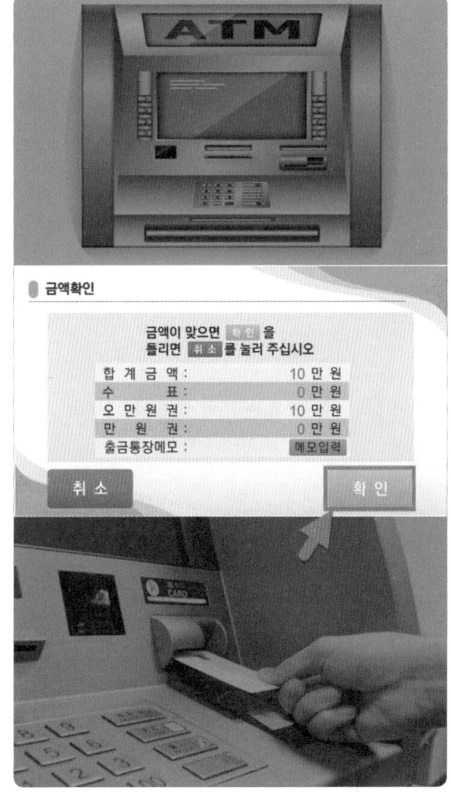

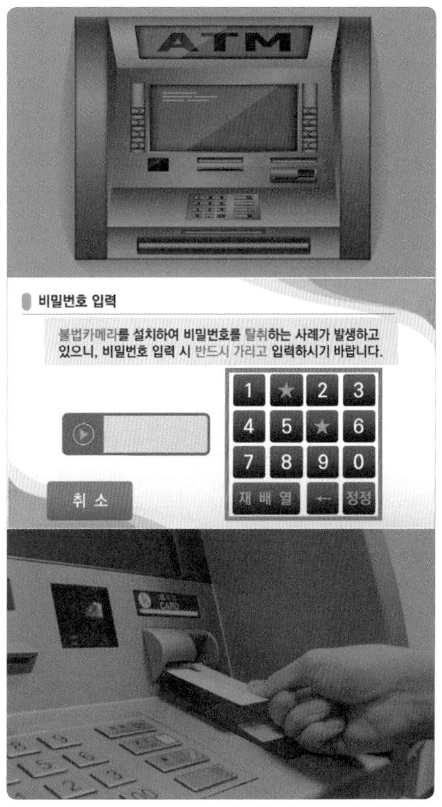

05 찾는 금액을 뽑아내는 동안 기다린 후 **명세표출력**을 누르면 명세표가 나온 후 명세표와 카드를 회수합니다.

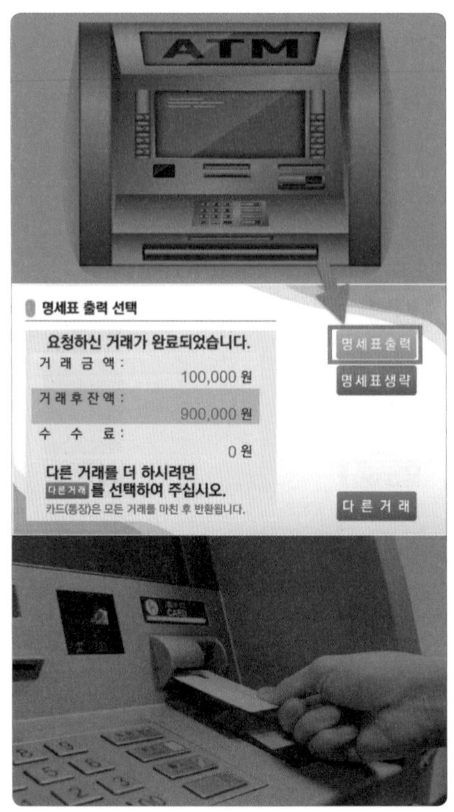

06 현금을 세고 있으니 잠시 기다리는 메시지가 나오고 찾을 금액을 받으라고 지폐배출구가 열리면 현금을 회수합니다.

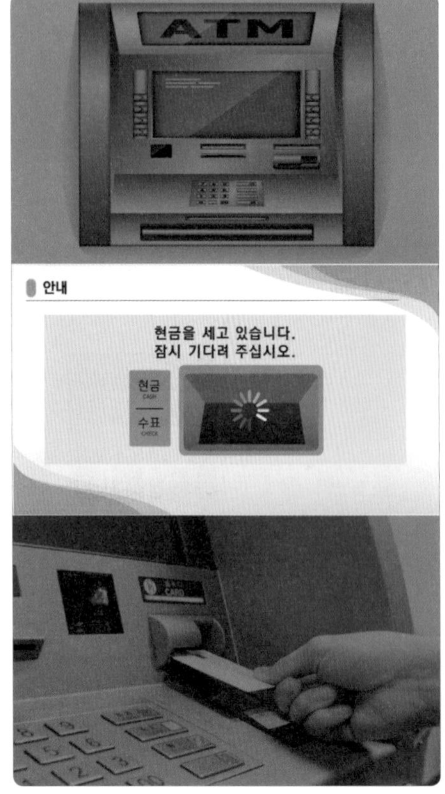

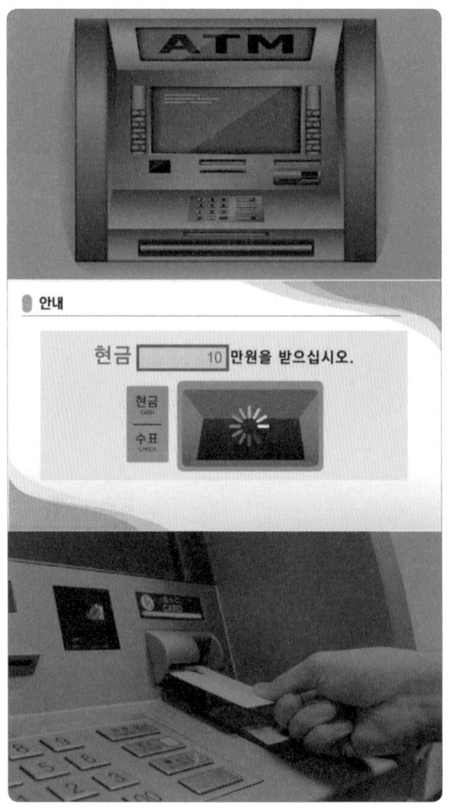

CHAPTER **09-3**

입금(무통장/무카드)하기

01 키오스크에서 ATM을 선택한 후 **입금(무통장/무카드)**를 선택합니다.

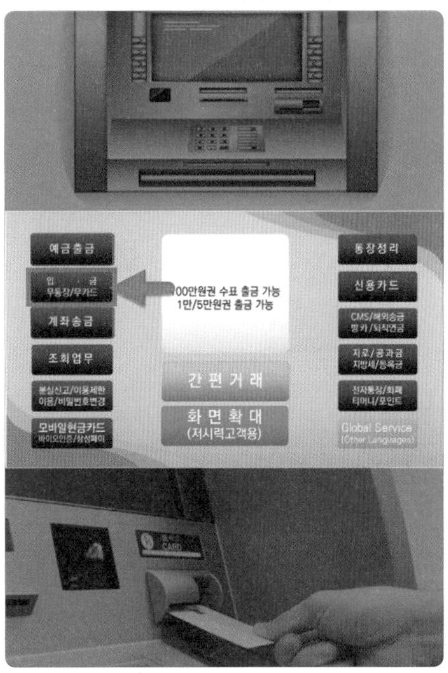

02 거래선택에서 **무통장/무카드출금** 버튼을 선택한 후 **주민등록번호**를 입력하고 **확인**을 누릅니다.

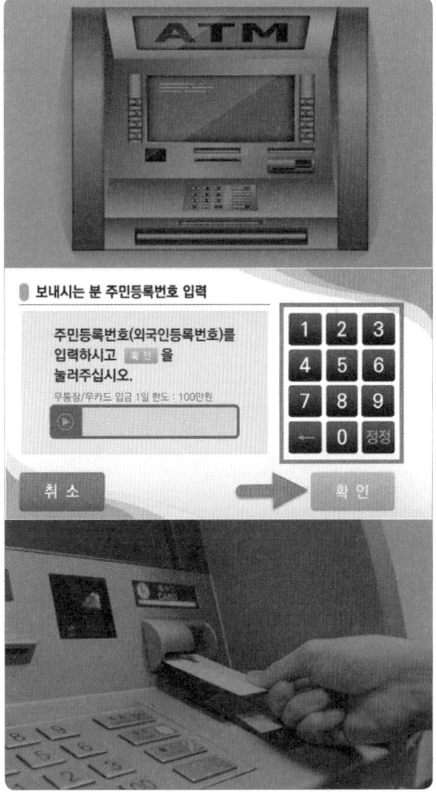

03 의뢰인변경 선택화면에서 **확인**을 누른 후 받을 사람의 **계좌번호**를 입력한 후 **확인** 버튼을 누릅니다.

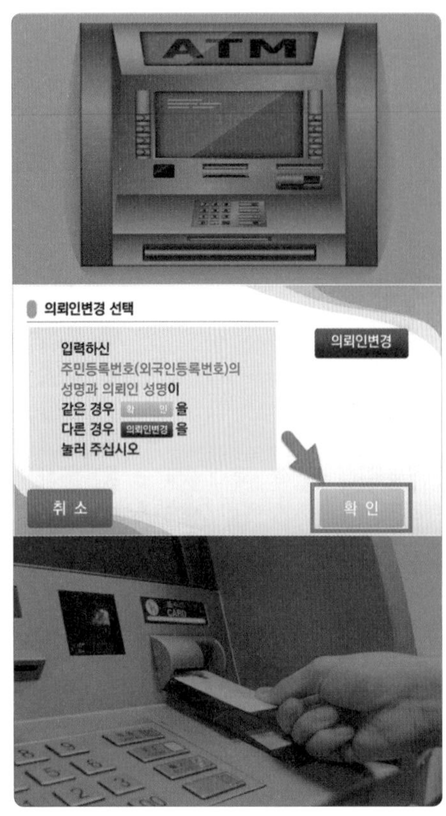

04 거래내용을 확인한 후 **확인**을 누른 후 현금투입구에 현금을 삽입한 후 **확인** 버튼을 누릅니다.(1회 최대 입금액은 100만원입니다)

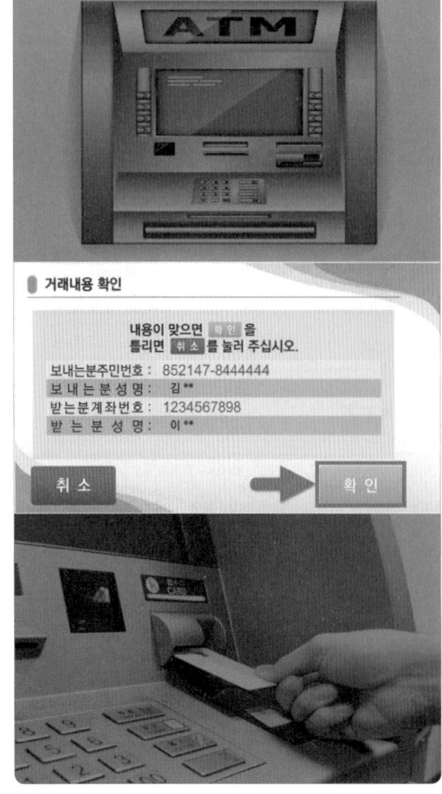

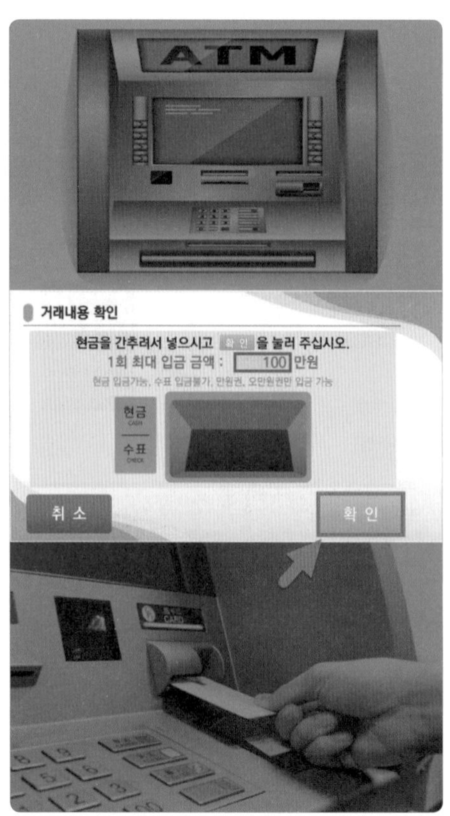

05 입금내용에 오만원권, 만원권이 몇 장씩 입금되었는지 알려주는 화면에서 **확인** 버튼을 누르면 입금작업이 완료될 때까지 기다립니다.

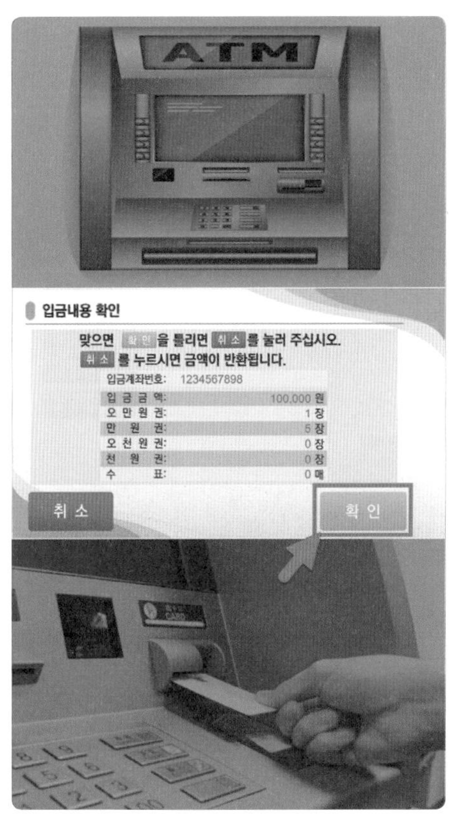

CHAPTER 09-4 계좌 송금하기

01 **계좌송금**을 선택한 후 카드를 넣은 후 **거래계속** 버튼을 누릅니다.

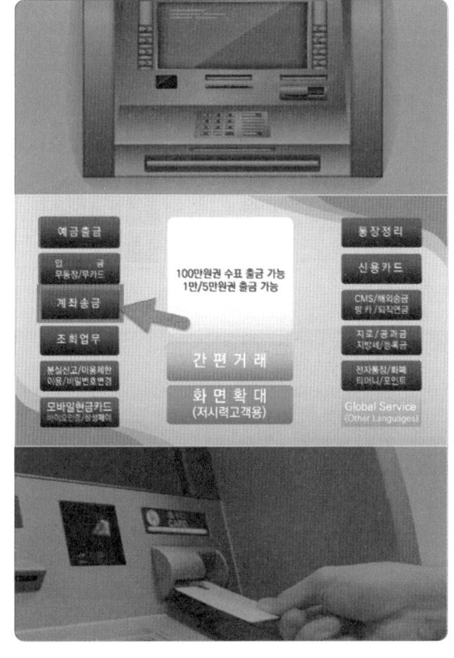

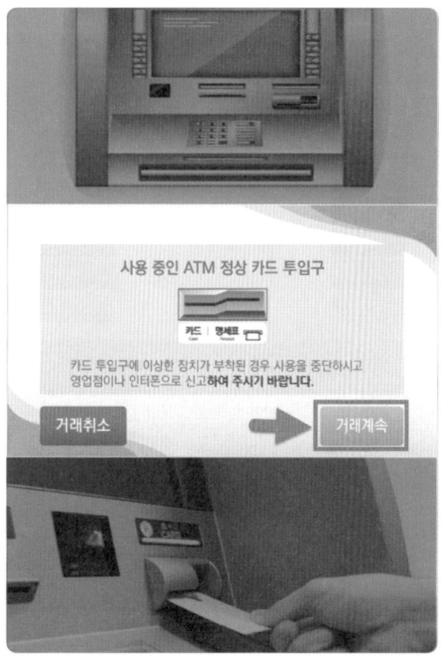

02 카드 및 통장을 투입한 후 거래를 선택해야 하는데 **입금계좌입력** 버튼을 터치합니다.

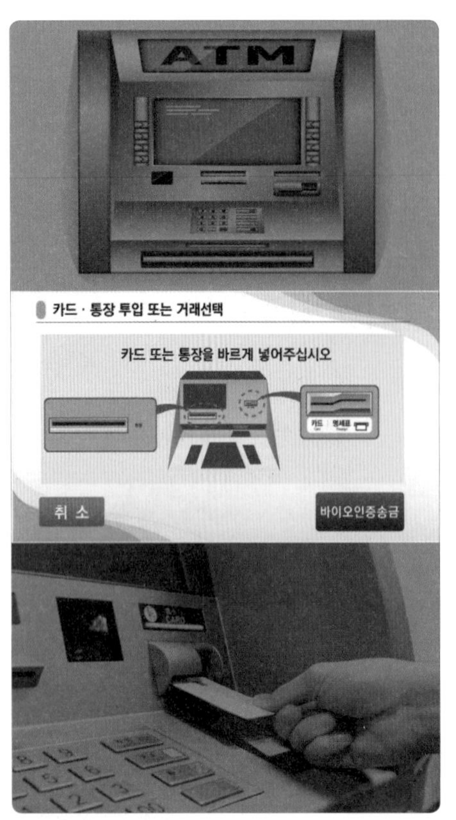

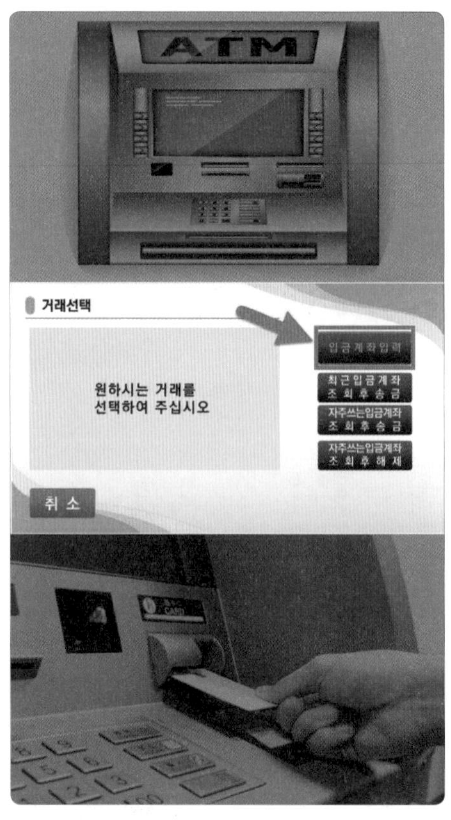

03 입금할 은행 중 **국민은행**을 선택한 후 받을 사람의 계좌번호를 입력한 후 **확인** 버튼을 누릅니다.

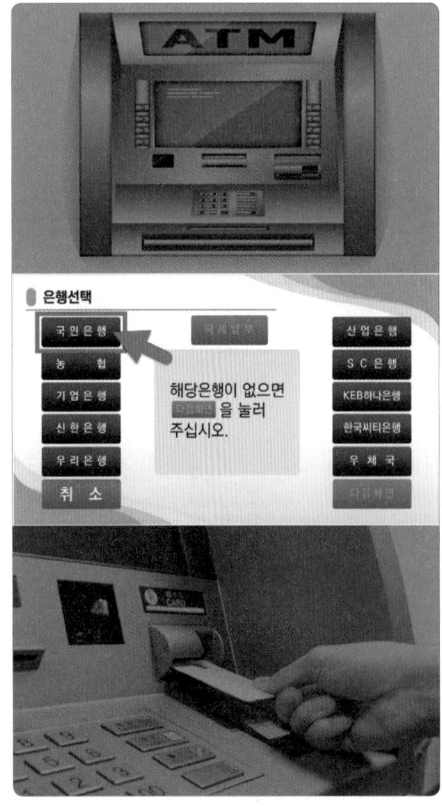

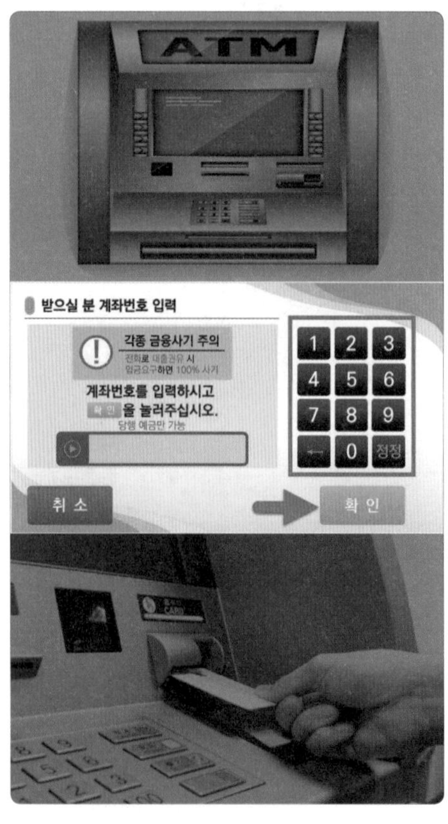

04 금액을 입력한 후 마지막에 **원** 버튼을 눌러야 마무리가 됩니다. 보이스피싱인지 확인하는 화면에서 **아니오(거래진행)**을 누릅니다.

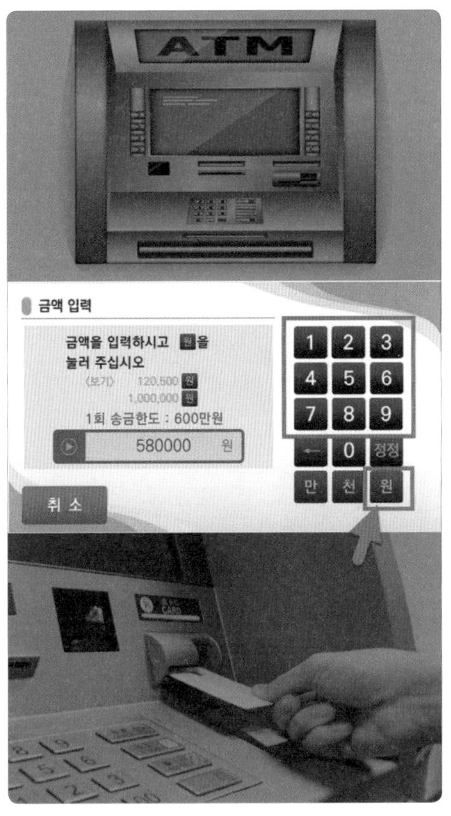

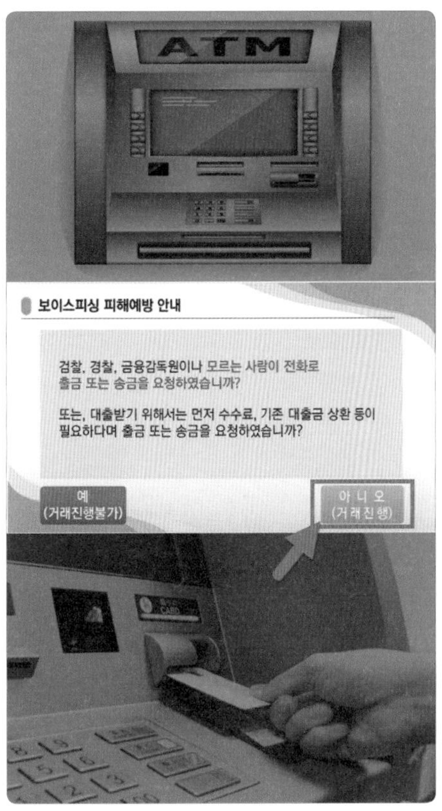

05 비밀번호를 입력하면 계좌송금 작업이 진행되기 시작합니다.

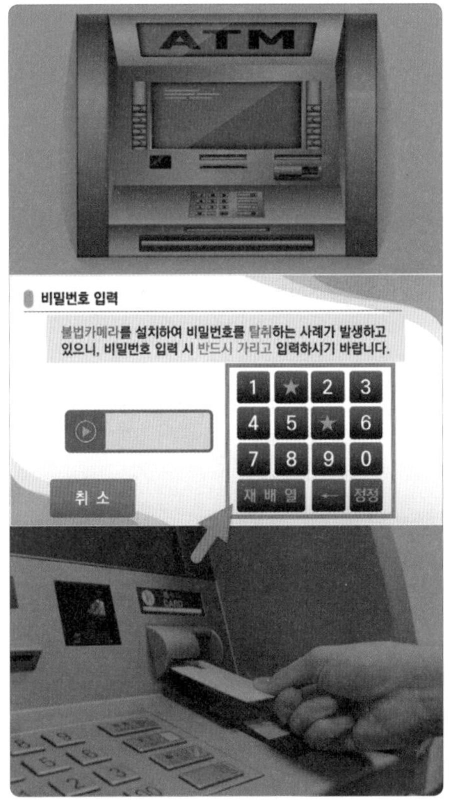

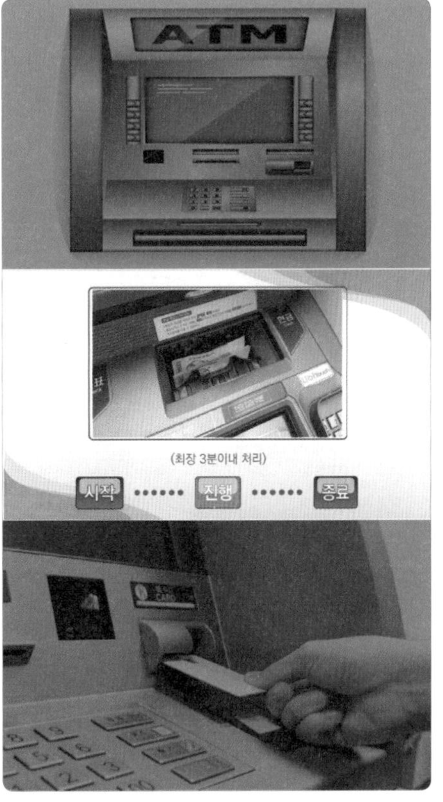

06 받는 사람의 계좌번호와 이름이 맞는 지 금액은 정확한지 거래내용을 확인한 후 잠깐 기다리면 계좌송금 작업이 마무리 됩니다.

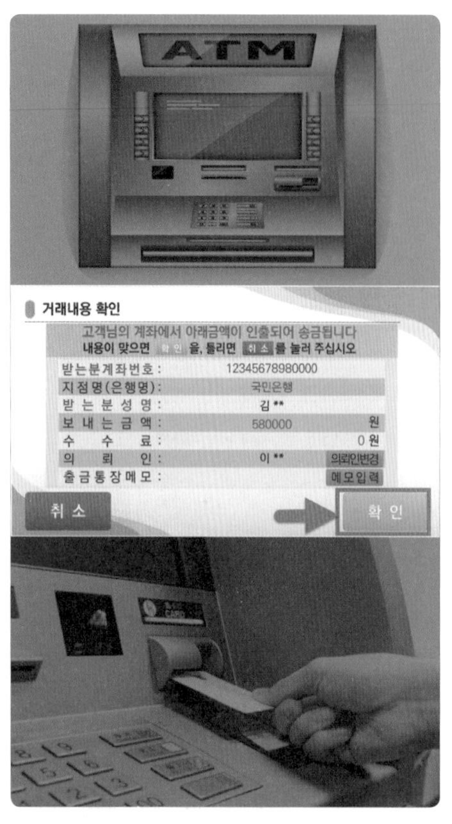

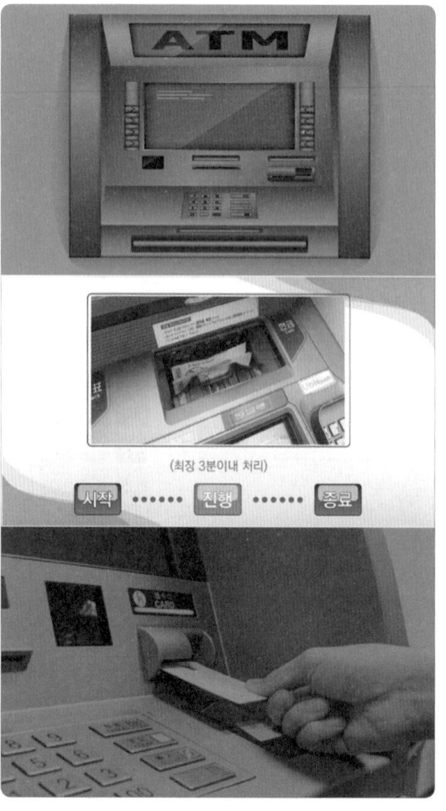

07 연속거래선택 또는 종료 화면에서 **다른 거래**를 누르면 카드, 명세표가 나오는데 뽑아서 챙기도록 합니다.

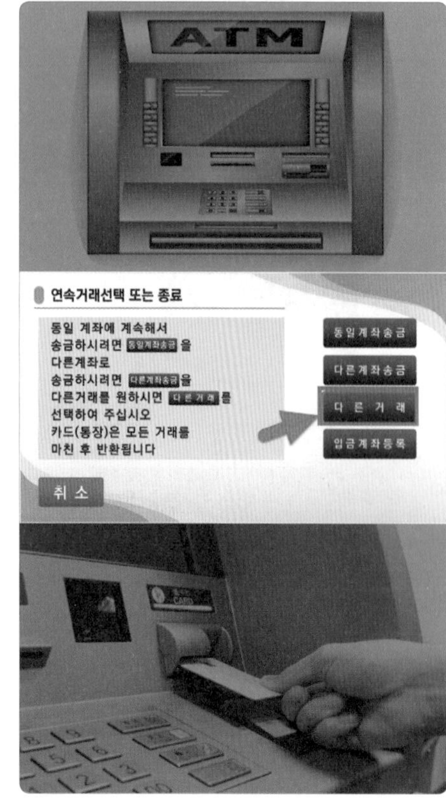

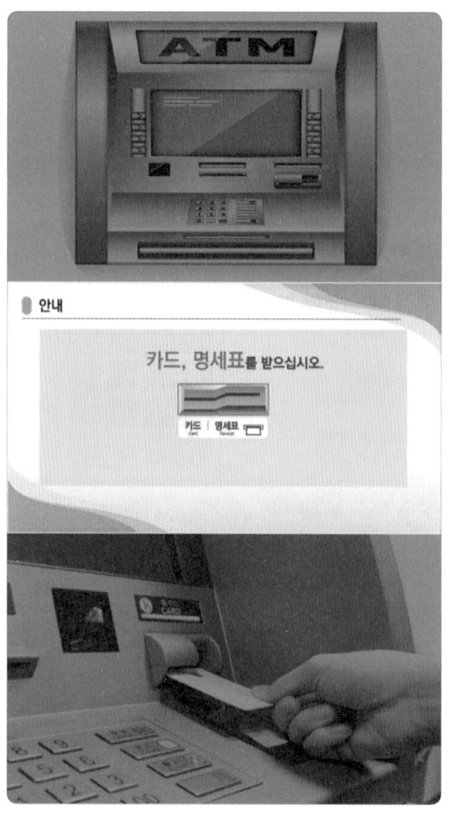

01 양양을 가기위해 고속도로 휴게소에서 휘발유 7만원을 주유한 후, 편의점 현금기기에서 10만원을 찾아보도록 합니다.

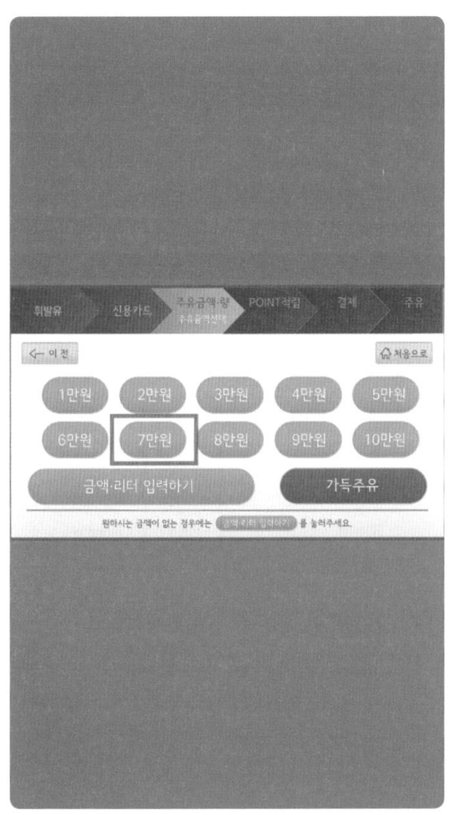

02 SUV 차량을 렌트해서 경유를 5만원 주유하고 5만원을 신한은행에 입금하세요.

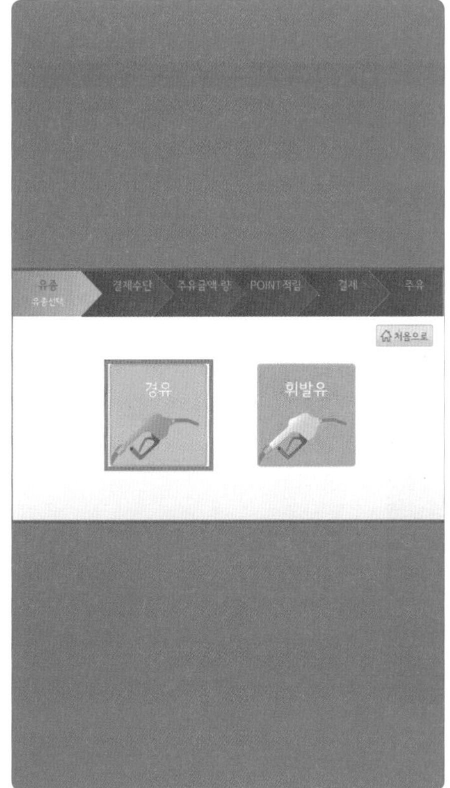

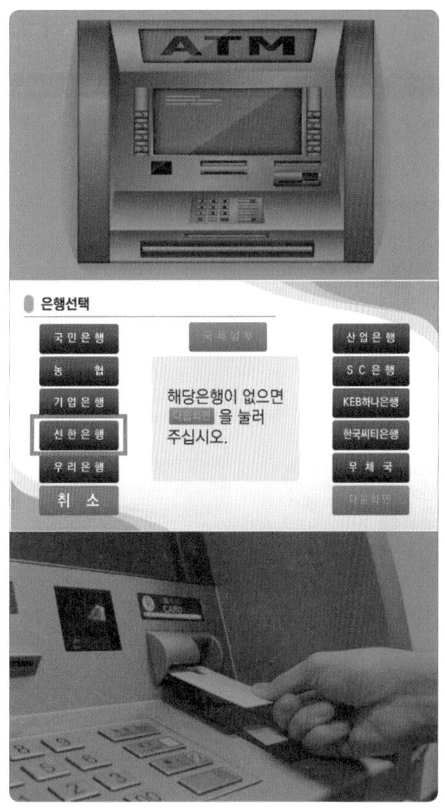

CHAPTER 10 ▶ 서울자전거 따릉이 이용하기

CHAPTER 10-1 서울자전거 따릉이 이용권 구매하기 ▶▶▶

01 **서울자전거 따릉이**를 설치한 후 실행한 다음 **비회원**을 누릅니다.

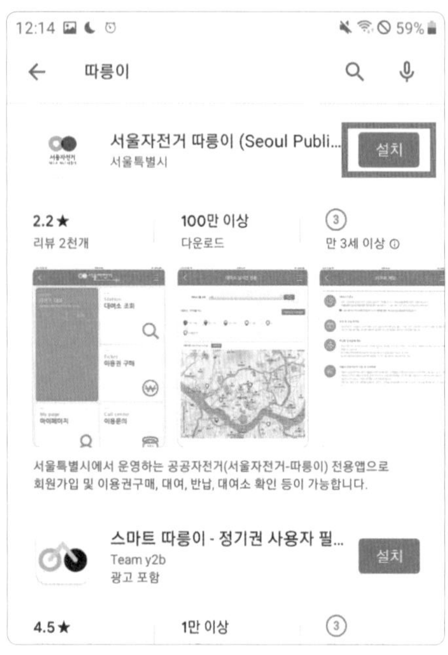

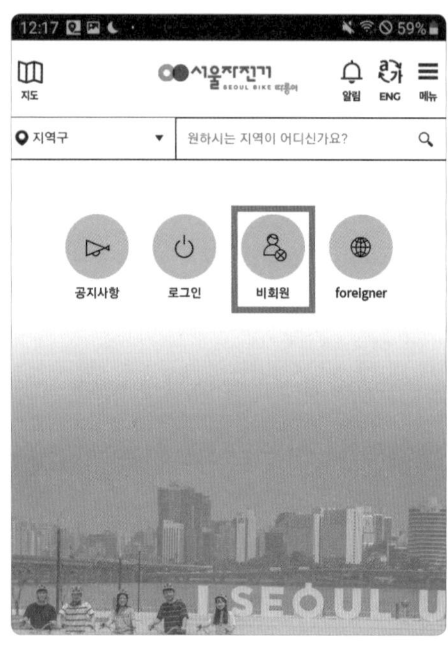

02 비회원이기 때문에 **이용권 구매** 버튼을 눌러서 **확인**을 누릅니다.

03 이용권 구분을 선택한 후 결제수단을 **휴대전화**로 선택하고 화면을 올려서 휴대전화 번호를 입력한 후 **인증번호 발송** 버튼을 터치합니다.

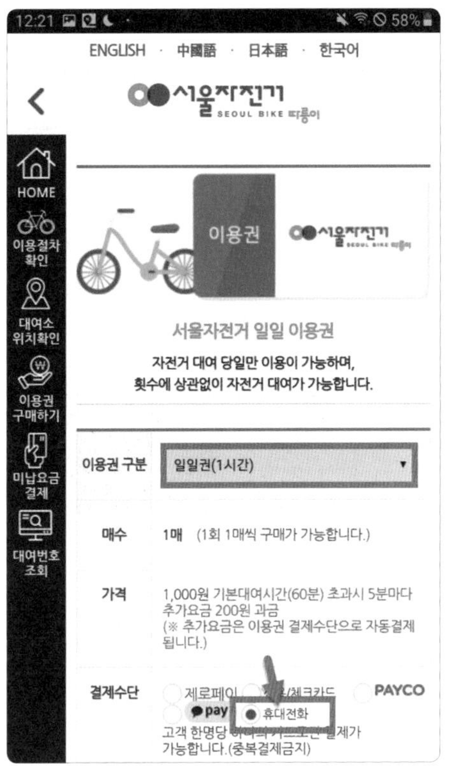

04 인증번호를 입력한 후 **전체동의**를 체크하고 **결제하기**를 누릅니다. 휴대폰 전자결제 화면에서 **전체동의**를 체크한 후 **다음**을 누릅니다.

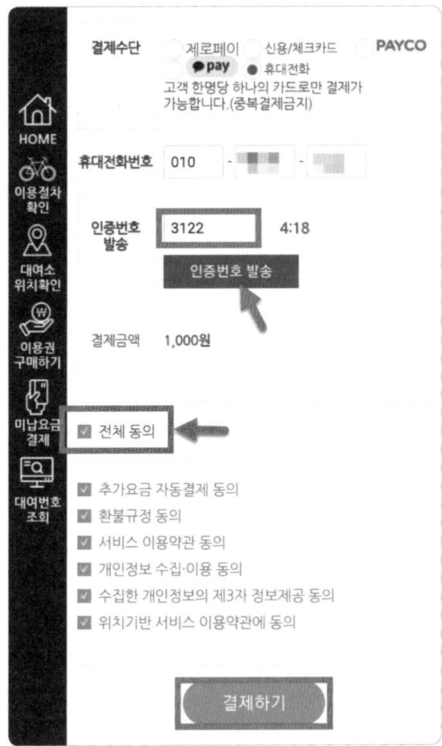

05 **통신사**를 선택해서 **휴대폰번호**를 입력하고 **주민번호 앞6자리**와 **뒷자리에 성별**을 의미하는 숫자를 입력한 후 **상기 결제 내용을 확인 하였습니다**를 체크한 후 **다음**을 눌러서 인증번호 발송했다는 알림에서 **확인**을 누릅니다.

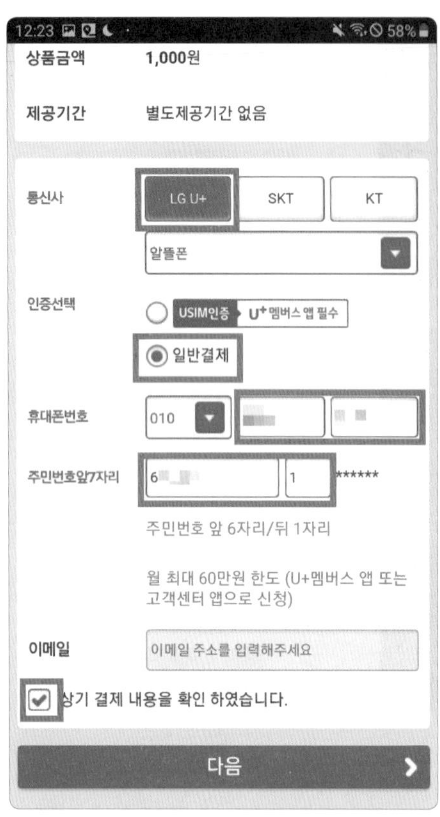

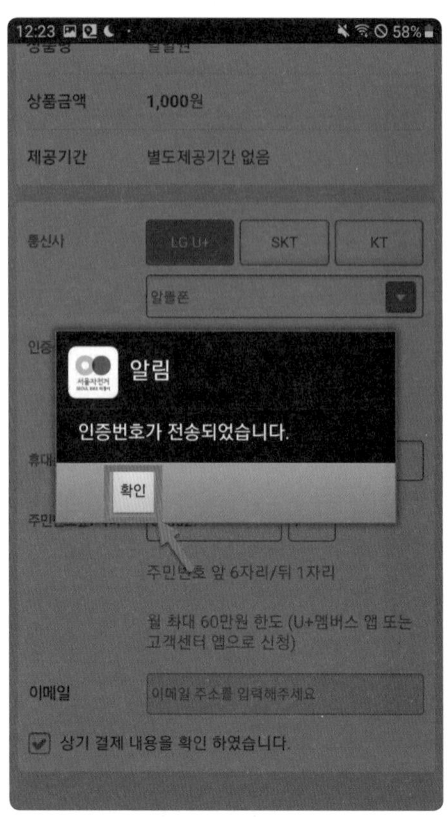

06 인증번호를 입력한 후 다음을 누르면 대여일련번호가 발생되는데 따릉이를 대여할 때 8자리 번호를 입력하면 자물쇠가 풀립니다.

CHAPTER 10-2 서울자전거 따릉이 이용하기

01 **비회원** 버튼을 누른 후 ❶**대여번호조회**를 선택하고 ❷**휴대폰번호**를 입력한 후 ❸ **인증번호 발송** 버튼을 눌러 인증번호가 오면 입력한 후 조회를 누릅니다.

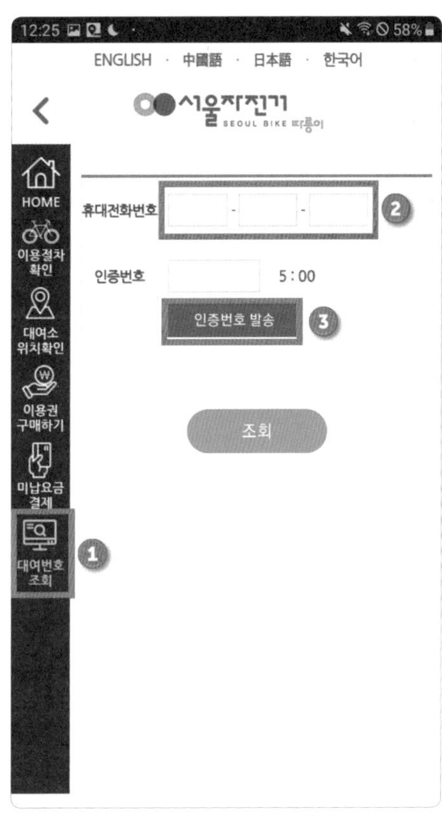

02 **대여소 위치확인**을 눌러서 대여소 거치율을 확인한 후 이용절차를 따릅니다.

03 대여번호를 입력한 후 잠금장치를 10초 이내에 화살표방향으로 당겨서 거치대에서 분리합니다. 반납은 거치대에 자전거를 걸어놓은 후 잠금장치를 결합합니다.

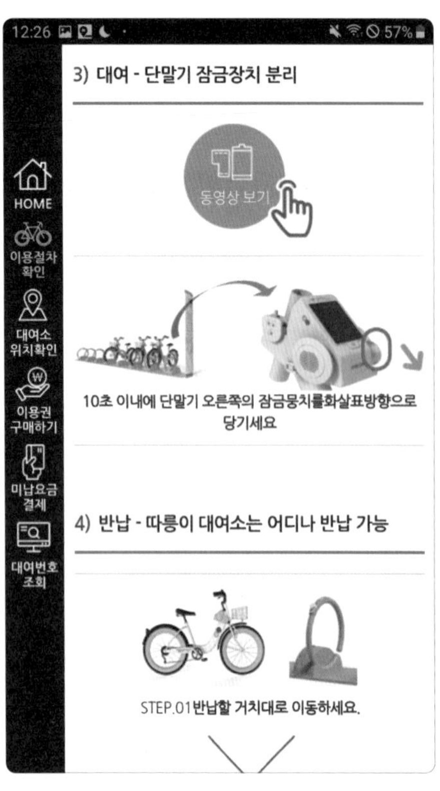

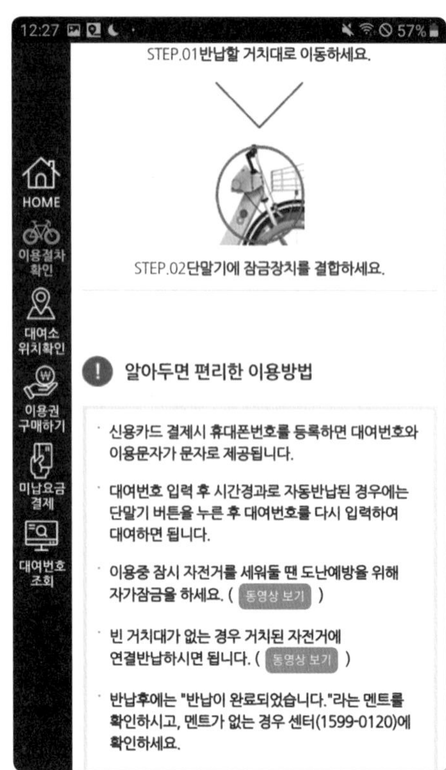

CHAPTER 10-3 서울자전거 따릉이 위치 확인하기

01 좌측상단의 **지도** 버튼을 누른 후 **지역구**를 선택합니다.

02 찾는 지역명을 입력하면 글자가 들어간 지역이 나오게 됩니다. 여기서는 **미성동 신림체육센터**를 선택해 보도록 하는데 오른쪽 화면에 초록색이 표시가 되었는데 7대 이상이 거치되어 있다는 것입니다.

03 초록색 동그라미를 터치하면 대여가능 거치대가 확실하게 표시되어 나옵니다. 가까운 지역구에 자전거 거치소를 찾아보세요.

서울자전거 따릉이 네이버로 회원가입

01 **로그인**을 눌러서 **네이버 계정으로 로그인**을 선택합니다.

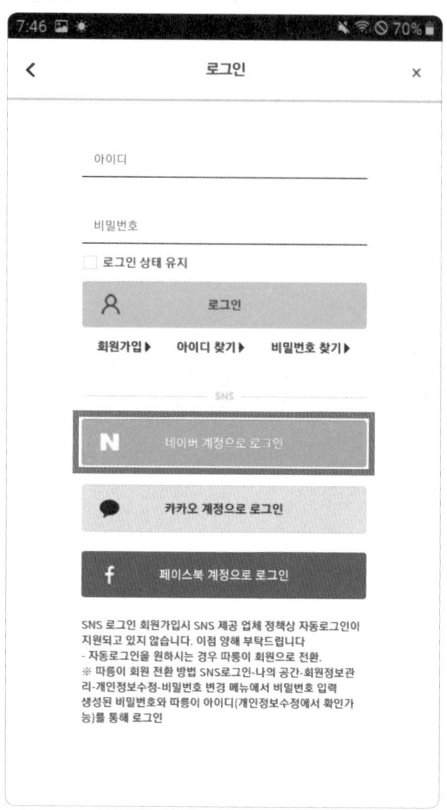

02 아이디와 비밀번호를 입력한 후 **로그인**을 누릅니다. 등록을 누르면 다음부터 동일한 창이 나오지 않게 됩니다.

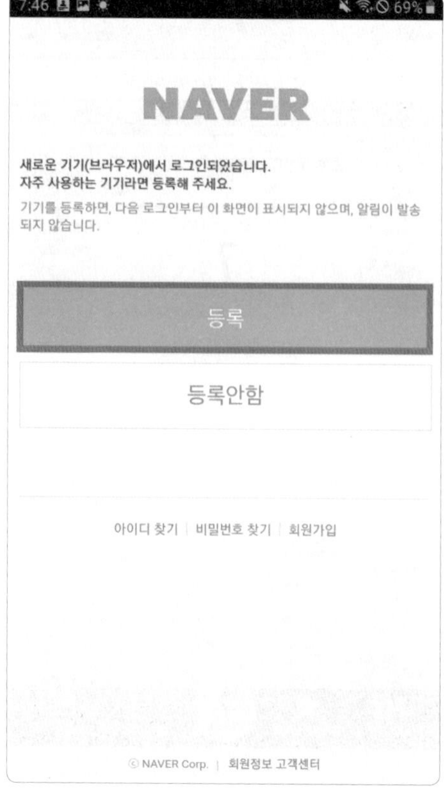

03 개인정보에 **동의하기**를 누른 후 회원가입화면에서 **위 약관을 모두 읽었으며 이에 동의합니다**에 체크한 후 **다음**을 누릅니다.

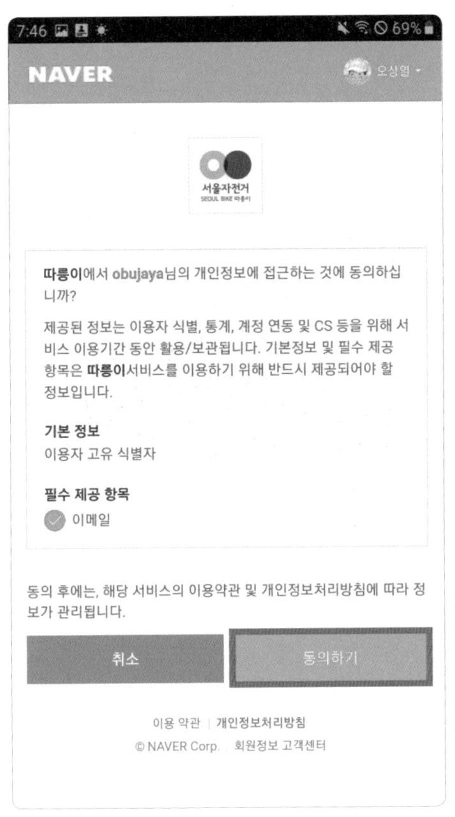

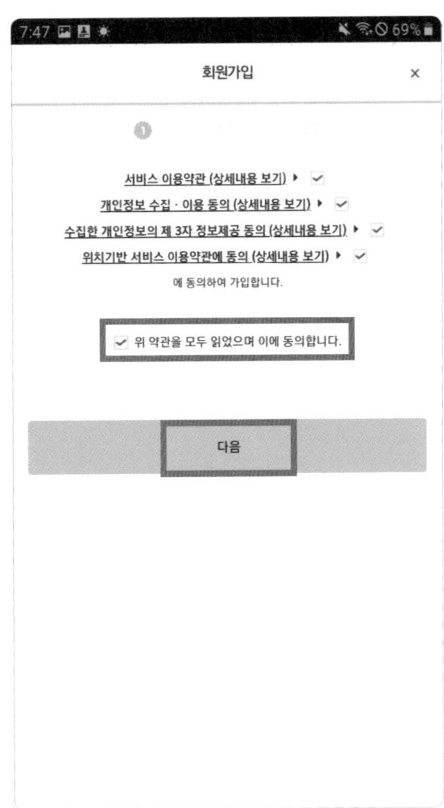

04 휴대폰 번호를 입력한 후 **만15세 이상입니다**를 체크하고 **다음**을 누르면 휴대폰에 인증번호가 전송됩니다. 인증번호를 입력한 후 **다음**을 누릅니다.

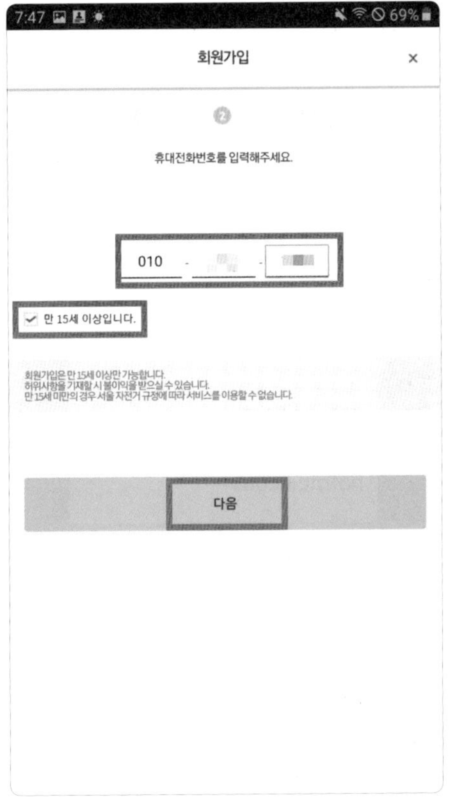

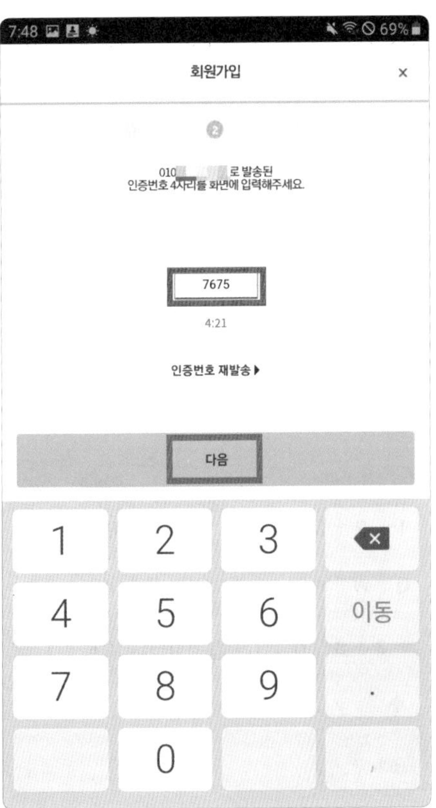

05 가입할 아이디를 입력한 후 **중복확인**을 누르면 사용 가능한 아이디인지 여부의 알림이 나오는데 여기서 **확인**을 누릅니다.

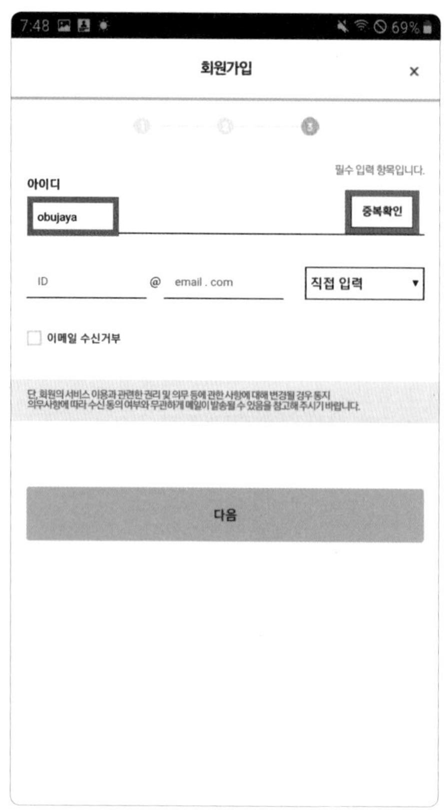

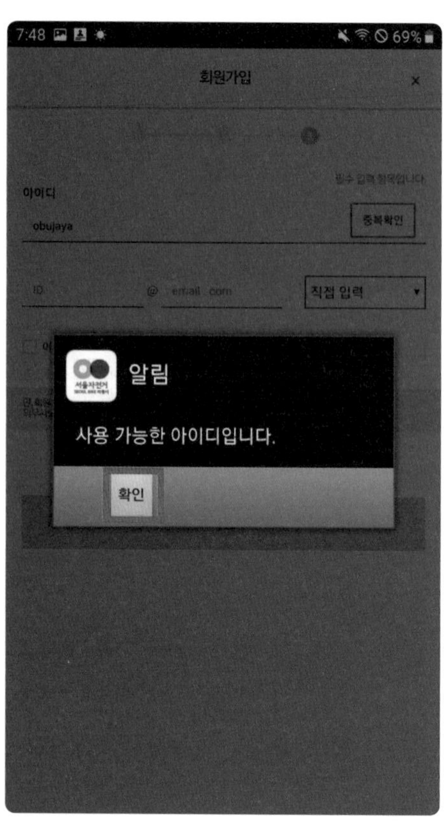

06 이메일 서비스 회사를 고르기 위해 **직접 입력**을 터치한 후 서비스 회사를 선택합니다. 여기서는 네이버로 로그인을 하기로 했으므로 **naver.com**을 선택하도록 합니다.

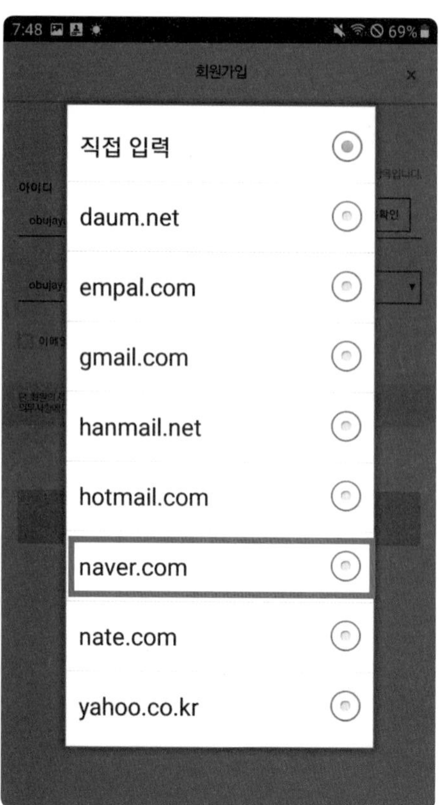

07 이메일까지 기록이 되었으면 **다음** 버튼을 눌러서 생년과 성별을 선택한 후 몸무게를 입력한 후 다음을 선택합니다. 몸무게는 선택사항이므로 입력하지 않아도 무방합니다.

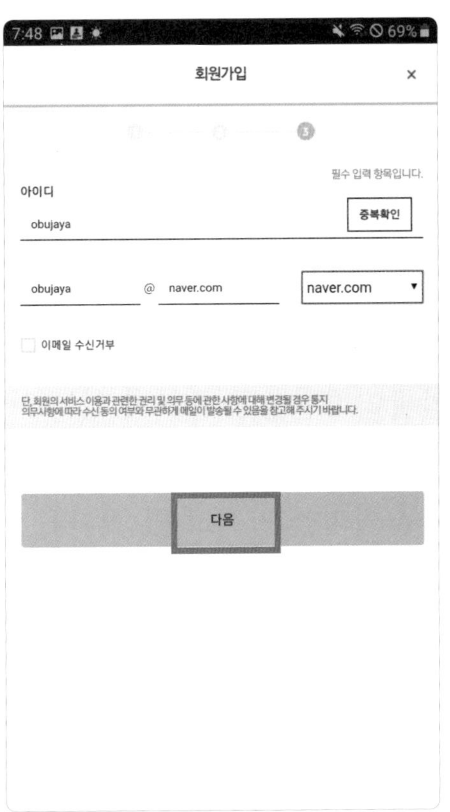

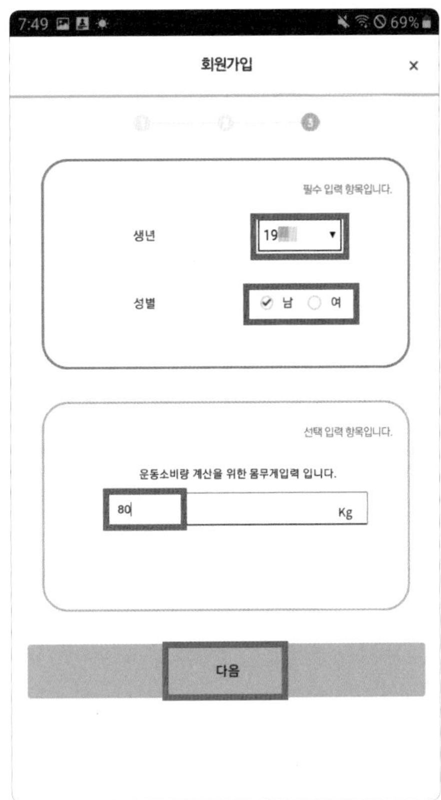

08 가입이 완료되었다는 메시지가 나오면 **확인**을 누릅니다.

■ 키오스크 사용 시나리오 ■

오랜만에 경기도에 살고 있는 친구와 종로에서 오후 1시에 영화를 보기로 했습니다. 12시쯤에 만나 근처 패스트푸드점에서 치킨버거와 콜라를 마시려고 합니다. 영화는 인터넷으로 아들이 예매를 해줘서 예매번호를 적어두었고 키오스크로 발권을 하도록 합니다.

현재 2시에 나는 청량리에 있는데 3시에 안국역 6번출구 근처에 있는 카페에서 친구들과 만나기로 했습니다. 서둘러 지하철을 이용하여 안국역으로 가기 위해 발권한 후, 카페에 도착했더니 먼저 친구들은 도착해서 커피를 마시고 있습니다. 키오스크로 가서 아메리카노와 애플파이를 1개 주문하도록 합니다.

회사서류를 지난 주에 집에 와서 작업하고 챙겨가지 못했던 서류와 주민등록초본 2통이 6시간 있다가 필요하다고 해서 대구시에서 근무하는 가족에게 챙겨다 주려고 합니다. 동대구역에 내리면 무인민원발급기가 있다고 해서 등본은 동대구역에 도착하면 발급하기로 합니다. 키오스크를 이용해서 해결해보세요.

제주공항에서 김포공항으로 오후 6시에 도착했습니다. 2주전에 만났던 친구와 **애오개역**에 근체 카페에서 레몬에이드를 주문한 후 친구를 기다리면서 8시에 상영하는 영화티켓 2장을 스마트폰 앱으로 예매합니다.

서울에 출장을 마무리한 후 KTX를 타고 동대구역에 도착하는 표를 발권한 후, 출출해서 패스트푸드에서 치킨버거세트를 감자튀김과 콜라로 주문해서 식사를 한 후, KTX를 타고 동대구에 도착했습니다. 공용주차장에서 자가용을 이용해 집으로 귀가하려고 하는데 기름이 부족하여 근처 주유소에서 휘발유를 5만원 주유하도록 합니다.

인천공항 1터미널에서 베트남 다낭을 가려고 강릉 집에서 자가용을 타고 출발을 합니다. 영동고속도로를 이용하여 주행하다 문막휴게소에 잠시 들러 현금 20만원을 찾은 후, SUV 차량에 경유를 5만원 주유한 후 공항에 도착하여 셀프체크인을 하도록 합니다.

군산에 적산가옥들이 많다고 해서 사진 촬영을 가기로 즉흥약속이 이뤄졌습니다. 친구들과 강남고속버스터미널에서 만나기로 했고 스마트폰으로 티켓현황을 보니 자리가 여유 있어서 현장에서 티켓구매를 해서 출발하기로 했습니다. 친구들보다 빨리 도착했기 때문에 애플파이와 아이스아메리카노를 주문해서 허기를 채우려고 합니다.

직장동료들과 식사를 한 후 1/N으로 식사비를 내기로 했는데, 평상시에는 카카오페이를 이용해서 금액을 보냈는데 인터넷이 오류가 발생했는지 계좌이체가 안되고 있습니다. 편의점에 있는 CD에서 2만원을 농협계좌로 계좌이체한 후, 근처 카페에서 카페라떼를 4잔 테이크아웃 주문합니다.

대만에서 한국에 문화관광여행을 온 성인 친구 4명이 공항에 도착했습니다. 가장 먼저 가고 싶은 곳이 인사동(안국역)이라고 해서 외국인들이 놀라워한다는 대한민국 지하철을 이용해 빠르게 이동하기로 했습니다. 첫 방문이라 한국음식이 맞지 않을까봐 패스트푸드점에서 버거세트를 종류별로 주문하는데 음료는 다들 콜라를, 사이드는 감자튀김을 좋아한다고 하니 주문해 주세요.

서울에서 세종시에 있는 집으로 고속버스를 이용하여 가려고 발권한 후 도착한 후 주민센터에서 등본을 떼고 간다고 전화를 했더니 아버지께서 부동산등기부등본 2통과 가족관계등록부 1통을 부탁하시고, 어머니께서는 현금 30만원을 찾아 달라고 하십니다. 키오스크를 이용하여 부탁한 작업을 진행해 보세요.

이번 주 토요일 방콕으로 여행가기 위해 예매를 스마트폰으로 합니다. 토요일 여행 당일이 되었고, 큰 아들이 자가용으로 공항까지 배웅을 하기로 해서 출발을 했는데 가다가 주유를 휘발유 10만원을 셀프주유한 후, 공항에 도착을 하니 너무 빨리 도착해서 시간 여유가 생겨서 큰 아들과 패스트푸드에서 치킨버거세트를 주문해 간단하게 식사를 한 후 공항 **셀프체크인**을 하고 여행을 시작합니다.

기차를 타고 부산광역시 해운대구에 도착하여 예약했던 렌트카를 인계받은 후 경유를 5만원 셀프주유한 후 동해안도로인 7번국도를 따라 드라이브도 하고 멋진 바닷가 전경이 보이는 카페에서 카페라떼를 주문해 마십니다.

■ 시나리오를 만들어 주세요 ■